Ute Brodd

In deiner Sonne blühe ich

Ute Brodd

In deiner Sonne blühe ich

Belebende Gottesdienste für die Seniorenarbeit

Bibliografische Information der Deutschen Nationalbibliothek:
Die Deutsche Nationalbibliothek verzeichnet diese Publikation in der Deutschen Nationalbibliografie; detaillierte bibliografische Daten sind im Internet über http://dnb.d-nb.de abrufbar.

Umschlaggestaltung: Grafikbüro Sonnhüter, www.grafikbuero-sonnhueter.de, unter Verwendung eines Bildes © Dernkadel (Shutterstock)
Lektorat: Viktoria Tersteegen
DTP: Burkhard Lieverkus
Verwendete Schrift: Chapparal, Myriad
Gesamtherstellung: Finidr, s.r.o.
Printed in Czech Republic
ISBN 978-3-7615-6916-0

www.neukirchener-verlage.de

Inhalt

Vorwort

Ich freue mich, dass Sie mein Buch in die Hand genommen haben, und will es Ihnen kurz vorstellen: Es ist ein Praxisbuch mit vollständig ausgearbeiteten Gottesdiensten. Sie sind entstanden in meiner Arbeit als Pfarrerin und Seelsorgerin in verschiedenen Altenheimen.

Als ich diese Aufgabe vor mehr als zehn Jahren übernommen habe, hatte ich durchaus gemischte Gefühle. Was erwartet mich denn im Altenheim? Leid, Tod, Sterben, Einsamkeit. Und da soll ich hin? „Was kann ich da ausrichten?“, habe ich mich gefragt. „Was kann ich – aus der vermeintlichen Sicherheit eines wesentlich jüngeren Lebensalters – den Menschen dort Tragfähiges sagen?“ Das wollte ich herausfinden.

Schnell habe ich gemerkt: Eine Predigt, die *über* etwas redet, geht an den Menschen vorbei. Nur wenn ich auf Augenhöhe spreche und im Gottesdienst in Beziehung und im Dialog mit den Menschen bin, kann etwas *rüberkommen* und wenn Menschen durch das, was im Gottesdienst geschieht, mit sich selbst in Kontakt kommen – also mit dem, was sie erlebt haben und erinnern, und mit ihrem Erleben und Empfinden im Hier und Jetzt. Das muss durch kleine Impulse, Fragen und Beispiele angeregt werden, damit die Menschen anknüpfen können an die biblische Botschaft, und darüber in Berührung kommen mit dem großen, ewigen Du.

Dafür ist in der Gottesdienstvorbereitung Sorgfalt nötig. Es braucht kleine Schritte, Zeit, eine leichte Sprache, die direkt ist, nah am Erleben, ohne rhetorische Schnörkel und Umwege. Es braucht Anschaulichkeit, auch durch Bilder und Gegenstände. Es braucht Geschichten, die man erzählen kann, Angebote, die etwas erleben lassen, und immer wieder dialogische Elemente: Fragen, die echte Fragen sind und zum Mitdenken und Mitreden anregen.

All das findet sich in den Gottesdienstentwürfen wieder. Sie sollen das Selbsterleben der Menschen anregen und erweitern, aber auch ihre Sicht auf Gott. Wichtig ist mir: Vertrauen und Dankbarkeit nicht vorauszusetzen, sondern zu ermöglichen – und: schwierige und leidvolle Themen nicht vermeiden.

„Alt werden ist nix für Feiglinge!" Das höre ich oft. Der Mut dazu kann auch aus dem Gottvertrauen erwachsen. Biblische Texte und Bilder haben hier viel zu bieten. Sie stützen den Selbstwert, begleiten an den Grenzen, in Zweifeln, Ängsten und Ausweglosigkeit. Sie eröffnen neue Sichtweisen des Glaubens und neue Perspektiven auf das Leben – auch angesichts seines Endes.

Gottvertrauen ist mehr als Rückbindung an Früher. Gottvertrauen erwächst im Hier und Jetzt. Und der Schritt ins Gottvertrauen ist immer ein Schritt nach vorne. Nur so wird gelebt. Das gilt auch für Menschen im Alter. Diese lebensbejahende Perspektive kommt im Titel des Buches zum Ausdruck: In deiner Sonne blühe ich!

Das Buch ist gedacht für alle, die in der Seniorenarbeit tätig sind und dabei auch Gottesdienste gestalten: Kolleginnen und Kollegen im Pfarramt, die oft wenig Zeit für Vorbereitungen haben, und Ehrenamtliche, die diese Aufgabe mit großem Engagement übernehmen, ohne dafür geschult zu sein.

Jeder der 20 Gottesdienste hat ein eigenes Thema. Viele können über den eigentlichen Gottesdienst hinaus genutzt werden, etwa zur Gestaltung eines Seniorennachmittages oder einer Seniorenfreizeit.

Ich wünsche allen, die das Buch in die Hand nehmen und nutzen, dass sie Lust bekommen auf diese Arbeit und Spaß dabei haben. Denn Menschen im Alter sind tolerant und direkt. Sie zeigen, wenn ihnen etwas guttut. Sie gehen auch weg, wenn ihnen etwas zu viel ist. Man spürt, woran man ist. Das fordert heraus. Man hat aber auch Freiheiten, die der normale Sonntagsgottesdienst nicht bietet. Und man erlebt immer wieder Überraschungen. Das genieße ich.

Ich will an dieser Stelle all den Ehrenamtlichen herzlich danken, die in den zurückliegenden Jahren zusammen mit mir Gottesdienste in den Altenheimen gefeiert haben oder jetzt mit dabei sind. Wenn ich darauf schaue, kann ich nur sagen: Es sind *unsere* Gottesdienste. Denn die Ehrenamtlichen laden die Bewohnerinnen und Bewohner am Tag vorher persönlich und mit einem Erinnerungszettel ein, holen sie zum Gottesdienst ab und bringen sie anschließend wieder aufs Zimmer. Sie haben dabei ein offenes Ohr, einen freundlichen Blick, Geduld und warme Worte. Sie halten Kontakt zu den Pflegekräften. Sie helfen mir im Gottesdienst bei allem, was nötig ist. Manche bereiten den Gottesdienstraum vor. Und vor allem sind sie mit dabei, singen und feiern mit.

Ich danke auch den Mitarbeitenden in der Pflege und der sozialen Betreuung, die diese Aufgaben ebenso übernehmen – oft zusätzlich zu Ihrem ohnehin schon dicht gefüllten Arbeitspensum – und so das Gottesdienstangebot unterstützten.

In besonderer Weise danken will ich meiner Freundin und Kollegin Renate Voswinkel, Pfarrerin i.R. Sie hat mich in vielen Gesprächen auf dem Weg dieser Arbeit begleitet und mir dabei geholfen, „meine Stimme" zu finden, d.h. meinen Zugang und meine Weise der Verkündigung. Ihre kritischen Rückfragen, Anregungen und ihr Zuspruch waren und sind mir sehr wertvoll.

Zuletzt danke ich meiner Lektorin, Frau Viktoria Tersteegen für die gute Zusammenarbeit. Unser Austausch war offen, klar, verständnisvoll und heiter. Es hat Freude gemacht.

Danke!

Ute Brodd

Einleitung

Belebung

„Belebende Gottesdienste für die Seniorenarbeit" – so lautet der Untertitel dieses Buches. Vielleicht haben Sie sich schon beim ersten Lesen gefragt: Können Gottesdienste beleben? Ist das überhaupt möglich? Es ist doch ein altes, geradezu verstaubtes Format! Jede:r mag selbst die Antwort darauf geben und überlegen: Was ist meine Gottesdiensterfahrung? Hat mich ein Gottesdienst schon einmal „belebt", und was genau war das belebende Moment? Vielleicht ist das nur vage zu beschreiben: Ich fühlte mich angesprochen. Ich konnte innerlich dabei sein und mitgehen. Ich habe neuen Schwung bekommen. Ich bin mit Kraft und einer neuen Aussicht nach Hause gegangen. Wenn Ihnen diese Erfahrung fehlt, was würden Sie sich von einem Gottesdienst wünschen, damit er Sie belebt?

Ein lebhaftes, interessantes und kontroverses Gespräch könnte hier entstehen – das wir leider nicht führen können, schade! Ich kann Ihnen an dieser Stelle nur meine Antwort vorstellen, die auf meine Erfahrung als Seelsorgerin für Menschen im Altenheim zurückgeht. Aber eigentlich geht sie viel weiter zurück.

„Alles wirkliche Leben ist Begegnung"[1]. Dieser Satz des jüdischen

1 Martin Buber, Ich und Du, Gütersloher Verlagshaus, Gütersloh 1999, S. 18.

Religionsphilosophen Martin Buber begleitet mich schon sehr lange. Was er in seinem Buch „Ich und Du“ beschreibt, hat mich auf die Spur gebracht. Es hat mir verständlich gemacht und erschlossen, was für mich das belebende Element in Vielem, wenn nicht in Allem, ist: Begegnung. Begegnung bedeutet, dass einer den anderen wahrnimmt, ohne Wertung und Einordnung in Schubladen. Einer zeigt sich dem anderen auch, mit Worten und Gesten, mit dem Ausdruck der Augen und des Körpers; zeigt was in ihm/ihr ist. Augenhöhe, Einfühlung und Respekt kennzeichnen eine Begegnung in diesem Sinn. Begegnung belebt, weil sie herausführt aus Isolation und Selbstbezogenheit. Begegnung belebt, weil sie Zugang ermöglicht zu einem Reichtum und zu Quellen, die außerhalb liegen. Sie ermöglicht Teilhabe und Verbundenheit. Sie ist das, was uns menschlich macht. Begegnen heißt „Du“ sagen, heißt, einen anderen wesenhaft anreden und angeredet werden.

Diese Weise der Begegnung kennzeichnet auch die Gottesbeziehung. Die biblischen Schriften des Ersten und Zweiten Testaments stellen uns Gott nicht als ferne, fremde Größe vor, die über allem steht und unberührt ist von dem, was geschieht, sondern als ein großes, ewiges Du, das uns in Liebe anredet und auf Antwort wartet.

Auch mein Anliegen als Seelsorgerin im Altenheim kann ich so beschreiben: Ich will den Menschen begegnen. Ich möchte sie wahrnehmen und in einen einfühlsamen Austausch kommen, so wie es jeweils möglich ist. An den Grenzen, also da, wo Sprechen nicht mehr möglich ist, kann dies geschehen, indem ich aufmerksam und zugewandt, auch betend, da bin. Ich kann in Liedern und im Segen die Gegenwart des großen ewigen DU zusprechen.

Begegnung – mit Hindernissen

„Alles wirkliche Leben ist Begegnung.“ Dieser Satz steht für mich auch für das, was in Gottesdiensten geschieht. Besonders in Gottesdiensten mit alten Menschen wird seine Wahrheit offensichtlich.

Denn hier funktioniert Verkündigung nur in der Begegnung und in der Beziehung. Alles, was distanziert, von oben herab, mit dem Gestus der ordinierten Amtsträgerin oder der Wissenden gesagt wird, geht an den Menschen vorbei und lässt sie allein. Nur wenn ich auch im Gottesdienst Begegnung suche und auf Augenhöhe spreche, kann etwas ankommen.

Diese Begegnung ist freilich oft erschwert. Der Zugang zu einem alten Menschen fällt nicht immer leicht. Zu den Hindernissen zählen Faktoren, die vom alten Menschen ausgehen, wie etwa körperliche Einschränkungen, die dazu führen, dass jemand nur im Bett liegend besucht werden kann oder nur für kurze Zeit aufmerksam ist. Aber auch Faktoren, die von uns ausgehen, können die Begegnung behindern. Hierzu zählen Stereotypen und Vorurteile, mit denen etwa die Begriffe „alter Mensch", „Seniorinnen und Senioren" oder „Bewohner und Bewohnerinnen im Altenheim" behaftet sind. Diese Bezeichnungen sind geläufig, aber nur begrenzt hilfreich. Sie können zwar einen wichtigen Aspekt einer Lebenssituation bezeichnen. Doch erschließen sie nicht annähernd, in welcher Lebenssituation sich ein Mensch tatsächlich befindet und wie er/sie diese erlebt, was er/sie sich wünscht und braucht. Dazu kommen die eigenen Ängste vor dem Altwerden und Sterben, die mit den Begriffen konnotiert und in der Begegnung auf die Menschen projiziert werden. Dass in einem schwachen Körper ein durchaus lebensfroher und widerstandsfähiger Mensch stecken kann, und hinter einem runzeligen, eingefallenen Gesicht eine reiche, sogar faszinierende Lebensgeschichte, wird dann nicht mehr wahrgenommen.

Es braucht die vielfältigen, oft berührenden und überraschenden Erfahrungen, die man in der Begegnung mit alten Menschen machen kann, damit diese Hindernisse überwunden werden. Das theoretische Wissen etwa, das hinter jedem Gesicht eine reiche und kostbare Lebensgeschichte steht – auch wenn ich nichts davon weiß und nicht im Mindesten erahne – kann durch Begegnung zu einer lebendigen

Erfahrung werden. Das Wissen kann durch Begegnung vom Kopf ins Herz gelangen und mich auf diese Weise verändern.

Ich hatte in diesem Zusammenhang ein Schlüsselerlebnis: Über längere Zeit besuchte ich eine über 80-jährige Frau, die keine Angehörigen hatte. Sie erzählte mir immer wieder von ihrer Kindheit, vor allem von ihren Erinnerungen an den Vater, bevor dieser als Soldat im Zweiten Weltkrieg eingezogen wurde und nicht wiederkehrte. Viel mehr erzählte sie nicht. Erst anlässlich ihrer Beerdigung erfuhr ich im Trauergespräch von ihrem gesetzlichen Betreuer und langjährigem Wegbegleiter: Die Verstorbene war eine gebildete und weitgereiste Frau. Nach dem Ende des Zweiten Weltkrieges war sie in führender Stelle für eine Organisation osteuropäischer Exilregierungen tätig gewesen, später als Redakteurin im Rundfunk, und hatte über viele Jahre einen „Salon" geführt, d.h. eine regelmäßige Gesprächsrunde in ihrem Haus mit Interessierten, zu aktuellen politischen und kulturellen Fragen. Nichts davon hatte ich im Gespräch mit ihr erfahren! Am Ende ihres reichen Lebens war ihr nur eines wichtig: die innige Verbindung zu ihrem Vater.

Diese eindrückliche Erfahrung hat mich verändert. Seitdem schaue ich anders in die Gesichter und Augen der Menschen, die ich etwa vor Beginn eines Gottesdienstes begrüße. Ich empfinde Respekt und Achtung, oft auch Zuneigung und Freude, und werde beschenkt, wenn ich die Menschen anschaue. Es sind kurze Momente der Begegnung, die mir helfen, mich auf den Gottesdienst mit diesen Menschen einzustellen und mich innerlich vorzubereiten auf das, was im Gottesdienst geschieht und was ich erhoffe: Begegnung und Beziehung.

Begegnung – mit Mut und Augenhöhe

Sich auf Begegnung einzulassen, bedeutet, Stereotypen und Vorteile hinter sich zu lassen. Das braucht Mut – auch den Mut, die eigene Realität und die eigenen Gefühle wahrzunehmen und ernst zu nehmen. Dieser Mut wird aber immer wieder belohnt.

„Mein Gegenüber ist ein Mensch wie ich, nur ein bisschen älter, und das kommt ja auch auf mich zu." Diese Sichtweise ermöglicht Augenhöhe. Sie bedeutet, dass Altwerden Verluste mit sich bringt, also das unvermeidliche und schmerzhafte Wenigerwerden auch meiner Kräfte. Sie bedeutet aber auch, dass ein Mensch seine Geschichte, seine Erfahrungen, seine Bedürfnisse, Interessen und Ressourcen mit sich trägt – bis ins Alter hinein: Lust am Leben, Humor, Sehnsucht, Glücksmomente und Enttäuschungen, auch Fragen und Ängste. Nicht durch das Alter allein wird ein Mensch seiner Lebenskräfte beraubt, sondern auch dann, wenn seine Lebenskräfte, die er noch hat, nicht mehr angesprochen werden: Freude, Fragen, Dank, Wut, Sehnsucht, Klage, Vertrauen, Kraft und Mut, um nach vorne zu schauen.

Auch als Seelsorgerin oder Seelsorger muss ich meine Lebenskräfte nicht vor der Tür lassen, wenn ich einen alten Menschen besuche. Sondern ich nehme mein Fühlen, mein Denken, mein Sehnen, Hoffen, Vertrauen und meine Erfahrungen mit – nicht um mein Eigenes dann zum Thema zu machen, sondern um aufmerksam und resonanzfähig zu sein für das, was mir entgegengebracht wird – auch für die manchmal leisen Töne und das Ungesagte.

Altern bedeutet, dass eine einmalige und unverwechselbare Lebensgeschichte auf eigene, unverwechselbare Weise weitergeht – bis zuletzt. Dass diese unverwechselbare Geschichte getragen und begleitet ist von der Liebe und Fürsorge des mitgehenden, ewigen Du, ist die mich ganz persönlich und in meinem Dienst als Pfarrerin tragende Hoffnung und mein Glaube.[2] Auch das möchte ich in den Gottesdiensten weitergeben und feiern.

---

2 Wunderbar zum Ausdruck gebracht in den Strophen des Liedes: „Alles ist an Gottes Segen und an seiner Gnad gelegen" (EG 352).

Gottesdienst feiern

Ein Gottesdienst, der in dem hier beschriebenen Sinn Begegnung ermöglicht, ist ein mehrdimensionales Geschehen. Es geht um den Kontakt der Menschen untereinander im gemeinsamen Feiern und Erleben, um den Kontakt zwischen den Gottesdienstteilnehmern und mir als Predigerin bzw. Liturgin. Es geht um den Kontakt der Menschen zu sich selbst, darum, dass sie in Berührung kommen mit ihren eigenen Erfahrungen und mit ihrem Empfinden und Gefühlen im Hier und Jetzt. Und es geht um die Begegnung mit dem großen, ewigen, liebenden Du.

Wenn das geschieht, *belebt* ein Gottesdienst tatsächlich: Er regt an. Er stößt kleine oder größere Prozesse in den Teilnehmenden an. Er erschließt innere und äußere Ressourcen. Er stärkt den Selbstwert. Kurz: Er macht Freude! So kann ein Gottesdienst auch helfen, den Schritt ins Gottvertrauen zu tun. Das brauchen wir alle immer wieder und vor allem am Ende unseres Lebens. Denn: Alt werden ist nix für Feiglinge!

Die Reaktionen und Rückmeldungen, die ich auf meine Gottesdienste bekomme, sprechen für sich: Ich sehe lachende Gesichter und auch weinende. Ich höre dankbare Worte. Ab und zu gibt es sogar Applaus. Nach dem Freiluft-Gottesdienst ⇨ „Jung werden wie ein Adler“ kam ein Herr im Rollstuhl auf mich zu und sagte strahlend: „Sie haben uns heute fliegen lassen!“ Und ich vergesse nie, wie ich einmal am Ende eines Gottesdienstes mit ausgebreiteten Armen den Segen sprach und ein Herr, der mir gegenüber in der letzten Reihe saß, dabei seinen Tirolerhut lüftete und mir damit zuwinkte! Herrlich war das! Resonanz von der allerfeinsten Sorte.

Gottesdienst vorbereiten

Alle diese Zusammenhänge sind für die seelsorgliche Begegnung bei einem Besuch genauso wichtig wie für die Vorbereitung und die Feier eines Gottesdienstes. Ich will im Folgenden ausgewählte Aspekte näher beschreiben und Ihnen damit die vorliegenden Gottesdienstentwürfe näher erläutern. So können Sie die Entwürfe leichter übernehmen und umsetzten, oder sie für Ihre Situation anpassen und eigene Ideen daraus schöpfen.

Begegnung mit dem Bibeltext

Die Begegnung mit dem Bibeltext, die der Erarbeitung der Predigt vorausgeht, kann ganzheitlich sein. Fragen Sie sich beim Lesen des Textes: Was geschieht hier? Was spricht mich an? Wo springt ein Funke über? Achten Sie auf das, was bei Ihnen angeregt wird an Gefühlen, Fragen, Erinnerungen und Bildern. Wenn Sie berührt sind vom Text, können Sie auch etwas weitergeben. Der Funke, der auf Sie überspringt, ist sowohl für die inhaltliche Ausarbeitung der Predigt wichtig, als auch für den Moment, in dem Sie die Predigt halten. Sie brauchen auch im Gottesdienst Zugang zu diesem Funken, bzw. zu dem, was Sie dann berührt. „Du kannst kein Feuer entzünden ohne einen Funken", singt Bruce Springsteen[3], wenn aber ein Funke da ist, dann kann man auch im Dunkeln tanzen.

In einem zweiten Schritt geht es darum, den Text mit den Augen der Gemeinde anzuschauen. Versuchen Sie, sich vorzustellen, welche Erfahrungen, Geschichten, Gedanken und Gefühle für die Gottesdienstbesucher mit dem jeweiligen Thema verbunden sein können. Das kann in die Predigt und die Gebete einfließen und so den Weg zum Thema und zur Aussage des Bibeltextes ebnen.

3 Nach Bruce Springsteen, Dancing in the Dark.

Zuletzt kommt das Wissen um die Hintergründe des Bibeltextes hinzu sowie Wissen und Erfahrung davon, was Altern bedeutet, welche Bedürfnisse im Alter wichtig sind, wie sich Perspektiven auf das Leben und den Glauben ändern, welche körperlichen und kognitiven Einschränkungen zu berücksichtigen sind. Einiges kann man aus Büchern lernen und aus dem wertvollen Gespräch mit Fachkräften in der Pflege und der sozialen Betreuung. Vieles kommt mit der Zeit und der Erfahrung.

Ein schöner Rahmen

Ich mag es, wenn es schön ist – gerade im Gottesdienst. Vielleicht geht es Ihnen genauso. Ein schön und liebevoll gestalteter Rahmen unterstreicht den Wert dessen, was geschieht und vermittelt Wertschätzung. Ich nehme mich damit auch selbst ernst, wenn ich den Gottesdienst leite und dabei auf ein schönes Setting achte. Frische Blumen gehören ebenso dazu wie eine ästhetisch ansprechende Präsentation der Bilder und Gegenständen, die im Gottesdienst vorkommen. Es regt die Sinne der Gottesdienstbesucher an, weckt Aufmerksamkeit und Erwartung. Auch Fotos, die erst in der Predigt vorkommen und gezeigt werden, sollten von Anfang an sichtbar aufgestellt werden, damit sie schon vorweg ansprechen und wirken können.

Bei der Begrüßung bietet es sich an, darauf einzugehen, in dem zum Beispiel gefragt wird: „Haben Sie schon gesehen, was in der Mitte ist?“ Das kann dann gezeigt, benannt und beschrieben werden. So ergibt sich bereits zu Beginn ein einfaches, dialogisches Element, das die Anwesenden einbezieht und ihnen das Anknüpfen ans Thema erleichtert.

Vertraut und verständlich

In jedem Gottesdienst werden überlieferte Texte gelesen, gesprochen und gesungen. Das ist von Vorteil: Sie sind bekannt und vertraut und können von vielen mitgesprochen und gesungen werden. Die Menschen werden damit eingebunden und erleben, dass sie sich einbringen können. Vertrautheit gibt Halt und tröstet. Und Mitmachen stärkt – auch das Selbstbewusstsein, gerade wenn die Gottesdienstteilnehmer merken: „Ich kann noch etwas, zum Beispiel das Glaubensbekenntnis und das Vaterunser."

Ein Lied, das viele kennen und mitsingen können ist hilfreicher als eines, das inhaltlich wunderbar passt, aber wenig bekannt ist. Aus dem Spektrum der bekannten, ökumenisch gebrauchten und vom Tonumfang und der Tonlage gut singbaren Lieder treffe ich die Auswahl, gebe aber der Möglichkeit mitzusingen immer den Vorzug vor inhaltlicher Raffinesse.

Im Entwurf ⇨ „Ganz Ohr" wird ein einfaches Lied in kleinen Schritten neu angeeignet und gelernt. Auch das ist möglich und eine Bereicherung. Altbekannte Lieder, wie „Großer Gott, wir loben dich" holen immer wieder viele Menschen ab und binden sie ins Geschehen ein, auch Menschen die dement sind oder nicht mehr gut sehen/lesen können. Sie kennen die Lieder auswendig. Das ist sehr wertvoll.

Genauso wichtig wie Vertrautheit ist aber auch die Verständlichkeit der Texte. Die Lutherbibel (LUT) mit dem vertrauten Text ist oft das richtige, aber nicht immer. Die neue Übersetzung der Basisbibel (BB) ist oft verständlicher. Sie bietet Sachverhalte in kurzen Sätzen und Sinneinheiten dar, die schon beim ersten Hören zu erfassen sind.

Verständlichkeit betrifft auch den Ablauf des Gottesdienstes: Es ist ratsam, die Fürbitten zuerst mit einem Amen abzuschließen und dann das gemeinsame Vaterunser anzusagen. So können die Gottesdienstteilnehmer leichter nachvollziehen, was geschieht. Sie wissen jetzt, dass sie nicht nur zuhören, sondern auch mitsprechen.

Sprache und Sprechen

In den Gebeten und Predigten wird eine einfache Sprache verwendet, die direkt, nahe am Erleben und meist an den Kriterien der sogenannten „leichten Sprache" orientiert ist.[4] Ich greife auch Alltagssprache auf.

Es ist von großer Wichtigkeit, nicht zu schnell zu sprechen und genügend Pausen zu machen. Als Faustregel hat sich für mich bewährt: Wenn ich als Predigerin während ich spreche noch wahrnehmen kann, wie die Worte mir „schmecken", wenn ich also etwas fühlen kann bei dem, was sich sage, dann haben auch die Zuhörer:innen die Chance dazu. Dann geht das Gesagte nicht über ihre Köpfe hinweg, sondern sie können es – auch emotional – aufnehmen. Besonders wichtig sind Sprechpausen, die Zeit geben zum Erfassen und Umsetzen des Gehörten, bei Imaginationen und Wahrnehmungsübungen.

Eine Sprechpause ermöglicht es mir als Prediger:in auch, die Gemeinde wahrzunehmen und Blickkontakt aufzunehmen: Wie reagieren die Leute? Wie nehmen sie das Gesagte auf? Kommt etwas an? Ist noch ein Satz nötig, der weiterhilft? Sollte ich es einfacher sagen?

Dialogische Elemente:
Rhetorische Fragen sind in Predigten beliebt. Sie bringen den Gedankengang auf elegante Weise voran, freilich ohne die Absicht, die Hörer einzubeziehen. Auf solche Fragen wird in den vorliegenden Entwürfen verzichtet. Die vorkommenden Fragen sind in der Regel echte Fragen. So werden sie auch gestellt. Sie sind dazu gedacht, einen Gedankengang anzuregen – und Antworten, die auch ausgesprochen werden können. Die Gemeinde wird so an der Entwicklung der Predigt beteiligt. Dieser Moment wird in den Entwürfen durch den Vermerk *(Pause)* markiert. Er bedeutet: Geben Sie der Gemeinde Zeit, warten Sie Antworten ab, sammeln und würdigen Sie sie – mit Wor-

---

4 Gemeint ist eine leicht verständliche und daher für Menschen mit mentalen Einschränkungen barrierefreie Sprache. Hierzu: Anne Gidieon, Jochen Arnold Rauten Martinsen (Hg.), Leicht gesagt! Biblische Lesungen und Gebete zum Kirchenjahr in leichter Sprache, Hannover 2013, S. 10-12.

ten und/oder Gesten. Die Einladung zum Antworten kann wiederholt werden, ohne Druck zu erzeugen.

Die Predigtentwürfe enthalten verschiedene Antwortmöglichkeiten, die ergänzend eingebracht werden können und oft auch für den Fortgang notwendig sind. Andere Fragen sind nicht für einen offenen Austausch gedacht, sondern regen zum persönlichen, stillen Nachdenken an. Auch für solche Fragen muss jeweils Zeit gegeben werden.

Je nach Gottesdienstgemeinde werden Fragen gerne aufgegriffen, die Leute beteiligen sich lebhaft und ohne Scheu. Es kann aber auch sein, dass Menschen zurückhaltend sind und nichts sagen. Dafür gibt es gute Gründe: Die Frage ist ungewohnt, zu intim, zu schwer zu beantworten oder es gibt Hemmungen, sich in der Gruppe zu äußern. Wenn ich merke, dass keine Antwort kommt, gehe ich auf das Schweigen ein. Denn das ist ja auch eine Botschaft. Ich sage also etwas wie: „Ja, das ist vielleicht eine ganz neue Frage, die kann man gar nicht so schnell beantworten. Ich gebe mal ein Beispiel." Oder: „Vielleicht mögen Sie einfach für sich überlegen." So beuge ich möglicherweise aufkommenden negativen Gefühlen und Selbstbewertungen vor, die entstehen können, wenn jemand den Eindruck hat, etwas nicht zu können oder Erwartungen nicht zu entsprechen. So entsteht auch kein „peinliches" Schweigen, das den Kontakt unterbricht und den Gedankengang stört.

Dialoge entstehen auch, wenn Bilder und Gegenstände betrachtet werden. Oder Zuhörer:innen äußern unerwartet Zustimmung oder Widerspruch. Das ist mir immer willkommen. Ich gehe dann in ähnlicher Weise darauf ein: würdigend, nicht wertend – und locker. Ich folge meinem Gefühl, was in der Situation angebracht ist, sei es ein kurzer Kommentar oder ein Blick oder eine Geste, die etwas zurückspiegeln und so zeigen, dass ich die Äußerung wahrgenommen habe.

Demenz berücksichtigen

Demenz ist ein langsam fortschreitender Prozess. Es macht einen erheblichen Unterschied, ob jemand eine beginnende oder fortgeschrittene Demenz oder gar eine Demenz im Endstadium hat. Bei letzterem ist eine Teilnahme am Gottesdienst oft nicht mehr möglich. Ansonsten ist es so, dass bei den Gottesdiensten, die ich feiere, immer Menschen mit dabei sind, die dementielle Veränderungen erleben. Die Entwürfe in diesem Buch sind nicht speziell auf diese Zielgruppe ausgerichtet. In vieler Hinsicht kommen sie ihren Bedürfnissen aber entgegen: Sie benutzen leichte Sprache, sorgen für Anschaulichkeit, bieten Vertrautes und sinnliches Erleben. Sie gehen in bestimmter Weise mit den Pronomina „ich", „du" und „wir" um. Was ist damit gemeint?

Ich, du, wir
Ein Satz, der von einem „wir" spricht, schließt alle ein. Das kann übergriffig sein. Um das zu vermeiden, wird in Predigten oft ein „ich" verwendet, das zur Identifikation angeboten wird. Der/die Prediger:in sagt z.B.: „Ich kann Gott vertrauen" und meint damit nicht sich selbst als Person, sondern bietet jedem diese Möglichkeit an. Dieser Vorgang, das angebotene „ich" auf sich selbst zu übertragen, ist für Menschen mit dementiellen Veränderungen in der Regel nicht mehr möglich. Wird das nicht beachtet, geht die Aussage für sie verloren.
Menschen mit dementieller Veränderung benötigen eine direkte Ansprache, den direkten Zuspruch: „Du kannst vertrauen" oder „Wir können vertrauen."

Andere Aspekte, die die vorliegenden Gottesdienste auszeichnen, sind für Menschen mit fortschreitender Demenz allerdings eine Hürde. So fällt es ihnen etwa schwer, Fragen zu erfassen und zu beantworten. Fragen sind dann nicht nur eine Hürde im Verstehen, sondern sie konfrontieren die Betroffenen auch mit ihrem Unvermögen, was als kränkend und schmerzhaft erlebt wird. Auch Imaginationen (⇨ „Im Vorgarten Gottes gepflanzt“) sind nicht machbar.

Möchten Sie die vorliegenden Predigten bzw. Predigtideen dennoch ausdrücklich für diese Zielgruppe nutzen, rate ich dazu, sie zu überarbeiten und dabei Folgendes zu berücksichtigen:

1. Verzichten Sie auf Imaginationen und Wahrnehmungsübungen.
2. Stellen Sie keine Fragen, formulieren Sie stattdessen Aussagen.
3. Problematisieren Sie nicht: Vermeiden Sie es z.B., Schwierigkeiten mit einer Glaubensaussage zu beschreiben und dann argumentativ damit umzugehen. Solche intellektuellen Vorgänge sind zu schwierig. Sie können nicht nachvollzogen werden. Die Zuhörer:innen steigen dann aus.
4. Beschreiben Sie Sachverhalte als gegeben, z.B.: „Jesus ist auferstanden. Gott hat den Tod besiegt.“
5. Sprechen Sie Trost direkt zu: „Gott ist für uns da.“ „Gott liebt Sie.“
6. Verstärken Sie Anschaulichkeit: Zeigen und benennen Sie Dinge. Geben Sie sie den Zuhörer:innen in die Hand.
7. Beschreiben Sie Gegenstände und ermöglichen Sie sinnliches Erleben: „Das ist schön/weich/tut gut ...“
8. Fordern Sie die Zuhörer:innen direkt zu Handlungen auf.
9. Wenden Sie die Kriterien der leichten Sprache an.
10. Fassen Sie sich kurz. Sagen Sie das Wesentliche: das, was tröstet und schön ist.

Wichtiger als die Arbeit im Detail ist aber immer, dass Menschen mit Demenz im Gottesdienst willkommen sind und teilnehmen können. Sie erleben dabei Gemeinschaft und – wenn wir darauf achten – Wärme, Geduld und Zuwendung. Sie können teilhaben, oft noch vieles Mitsingen. Kognitives Verstehen ist nicht das Wichtigste. Auch wenn Menschen mit Demenz keine sichtbaren Reaktionen zeigen, kommt immer etwas bei ihnen an. Der Geist Gottes weht, wo er will. Und sein Friede ist höher als alle Vernunft; als alles, was wir begreifen.

Leid (nicht) vermeiden

Leidvolles Erleben, wie Schmerzen und Verluste, sind Teil des Alters, genauso wie Freude, Sehnsucht und Hoffnung. Fehlt einer der beiden Aspekte, dann werden die alten Menschen nicht ernst genommen. Aber wie spricht man leidvolles Erleben an?

Freude und Leid auszudrücken hat seinen Platz in den Gebeten. Hilfreich ist es, in Gebeten und Predigten Dankbarkeit und Vertrauen nicht vorauszusetzen, sondern zu erbitten und zu ermöglichen (⇨ „Danken – Wofür?")

Auch bei Verlusterfahrungen geht es darum, das Alte, Verlorengegangene nicht ersetzen zu wollen, sondern einen Blick dafür zu vermitteln, dass es *jetzt* neues Gutes gibt, z.B. dass Menschen da sind, die einem *jetzt* Gutes tun, auch wenn sie das Alte nicht ersetzen können.

Es ist davon auszugehen, dass Menschen der älteren Generation – aber nicht nur diese – leidvolle, auch traumatische Erfahrungen gemacht haben, etwa durch Gewalt, Kriegserlebnisse oder Körperstrafen. Solche Erfahrungen sind im Körpergedächtnis gespeichert. Diese Möglichkeit sollte bei allem, was man sagt und tut, bedacht und berücksichtigt werden. Was das heißt?

Im Sinne einer traumasensiblen Verkündigung sollte vermieden werden, Gewalterfahrungen direkt anzusprechen, weil dies retraumatisieren kann. Dementiell veränderte Menschen, die zeitlich und situativ nicht mehr orientiert sind, können dann, wenn sie das Wort „Krieg" hören, meinen, es sei *jetzt* und *hier* Krieg. Sie reagieren möglicherweise mit Angst und handeln entsprechend.

Anstatt Gewalterfahrungen direkt anzusprechen ist es hilfreicher, die positiven Gedanken und Impulse, die der Gottesdienst vermittelt, wirken zu lassen (⇨ „Mein Leib – ein Tempel des Heiligen Geistes"). Darüber hinaus ist es wichtig, körperliche Grenzen zu achten, diese wahrzunehmen und zu respektieren.

Hiob – geht das?

Die biblische Hiobsgeschichte stellt die Frage nach dem „Warum" von Leid und Schicksalsschlägen. Aus den oben genannten Gründen habe ich lange gezögert, diese Frage direkt in einem Seniorengottesdienst aufzugreifen. Meine Sorge war, dass Leiderfahrungen hochkommen, die seelsorglich nicht aufgefangen werden können. Ebenso unangemessen erschien es mir aber, der Frage nach dem „Warum" auszuweichen, sie quasi unter den Teppich zu kehren. Denn das hieße, die Menschen mit ihr allein zulassen. Der vorliegende Entwurf ⇨ „Hiobsbotschaften" geht damit so um, dass die Beschreibung von Leid auf die Hiobsgeschichte selbst beschränkt bleibt und nicht durch Beispiele aus eigenem Erleben ergänzt wird.[5] Das ermöglicht es, Distanz zu wahren.

Die Hiobsgeschichte bietet keine Lösung für die Warum-Fragen an, aber doch die Aussicht auf einen Erlöser. Mehr steht auch uns nicht zur Verfügung. Das ist wichtig. Ich greife die Aussicht auf den Erlöser darum *nach* der Predigt auf. Die Seligpreisungen als Lesung bereiten sie vor. Wichtig ist auch die Art und Weise, wie die Predigt gehalten wird. Die Erzählung der Hiobsgeschichte muss „tragen". Sie sollte so erzählt werden, dass sie beim Zuhören sowohl gedanklich erfasst als auch emotional nachvollzogen werden kann. Praktisch bedeutet dies: Zeit lassen beim Erzählen und nach jeder Sinneinheit Zeit geben zum Verstehen und Fühlen.

Segnen und Salben

Nach evangelischem Verständnis ist eine Salbung nichts anderes als eine Segnung. Jeder Christ und jede Christin kann segnen und sal-

---

5 Meine Erfahrung mit diesem Entwurf war ausgesprochen positiv. Ein Zuhörer wurde jedoch an den tragischen Verlust seiner Schwester durch eine Diphterieerkrankung erinnert und begann zu weinen. Es kam alles hoch! Ich habe anschließend das Gespräch mit ihm gesucht. Auf sein Fazit: „Damit muss man halt fertig werden" habe ich in etwa so geantwortet: „Kann man das, fertig werden? Ich weiß nicht, ob das geht. Es wird vielleicht immer weh tun. Aber Sie können ihre Schwester immer wieder in Gottes Hand geben, und auch für sich um Trost bitten." Er war dankbar für diesen Gedanken.

ben, wenn er/sie es will und wenn das Gegenüber es möchte. In der Urgemeinde war es Aufgabe der Ältesten, für die Kranken zu beten und sie zu salben (Jakobus 5,14).

Die individuelle, persönliche Segnung vermittelt Zuspruch und Trost auf ganzheitliche Weise, nicht nur mit Worten. Wie bei einer Segnung etwa mit Handauflegung (⇨ „Du krönst mich“) wird auch bei einer Salbung (⇨ „Mein Leib – ein Tempel des Heiligen Geistes“) beides auch körperlich vermittelt und damit intensiver erlebt.

Bei einer Salbung wird die Zuwendung Gottes auch über die Haut auf- und über die Nase wahrgenommen. Diese ganzheitliche Vermittlung wird oft als heilsam erlebt, als stärkend und tröstend, besonders von Menschen, die dementielle Veränderungen erleben oder in anderer Weise eingeschränkt sind. Sie hat besondere seelsorgliche Qualität.

Nicht nur der persönliche, individuelle Empfang des Segens bzw. der Salbung wird tröstend und stärkend erlebt, sondern das Ritual als Ganzes. Denn es schließt die Erfahrungen mit ein, dass niemand vergessen wird und jede:r seine/ihre Zeit bekommt.

Wichtig ist: Vollziehen Sie eine Segnung oder Salbung immer von vorne her, so dass alle sehen können, was passiert. So wird niemand von dem Angebot „überfallen“. Eine innere Vorbereitung wird möglich. Jede:r kann für sich klären, ob der Segen bzw. die Salbung willkommen ist oder nicht.

Verschiedene Segensgesten sind möglich, die mehr oder weniger Nähe bzw. Distanz ermöglichen: Als Segnende:r haben Sie mehrere Möglichkeiten: Sie können begleitend zu Segensworten die Hand ihres Gegenübers nehmen und ein Kreuz in die Handfläche zeichnen.

Sie können ihre Hand auf den Kopf ihres Gegenübers legen – nicht auf die Fontanelle, das bedrückt. Sie können Ihre Hand auf die Schulter ihres Gegenübers legen oder ein Kreuz auf die Stirn zeichnen.

Es ist wichtig, dass Sie Ihr Gegenüber wahrnehmen. Achten Sie auf das, was Ihnen signalisiert wird. Ob der Segen erwünscht ist oder nicht, und welche Geste für das jeweilige Gegenüber die richtige ist.

Für eine Salbung hat sich für mich in der Praxis folgendes bewährt: Ich nehme Kontakt mit meinem Gegenüber auf, wenn nötig spreche ich die Person an und frage: „Darf ich Sie segnen und salben?“ Dann nehme ich die Hand des/der zu Salbenden, tauche zwei bis drei Finger in das Öl und zeichne dann ein Kreuz in die Handfläche oder auf den Handrücken. Dazu Worte wie: „Gott segne dich. Er hat dich wunderbar gemacht. Amen.“ Das Ganze gestalte ich locker und nehme die Worte, die mir im Moment auf die Person bezogen in den Sinn kommen, nicht immer die gleichen. Während einer persönlichen Segnung oder Salbung läuft leise Musik im Hintergrund.

Zu beachten ist ein sorgsamer Umgang mit Nähe und Distanz. Wie viel Nähe will ich zulassen? Wie viel Distanz brauche ich? Was signalisiert mein Gegenüber? Eine Salbung stellt an sich schon ein hohes Maß an Nähe her. Da ist es wichtig, Distanz zu wahren. Diese vermittelt Respekt und öffnet den Raum, in dem etwas geschehen kann.

Ohne Funken gibt’s kein Feuer

Es braucht immer einen Funken, damit ein Feuer entstehen kann. Die Person, die den Gottesdienst hält, ist dafür unersetzlich. Wir bringen als Person, die wir sind, die so wichtigen nonverbalen Anteile in die Kommunikation ein, also die Emotionen. Anders gesagt: den Funken. Das ist ein großes und nicht zu unterschätzendes Potential, über das wir allerdings nicht immer verfügen.

Einmal hatte ich unmittelbar vor einem Gottesdienst zum Thema „Freude“ ein sehr ärgerliches Erlebnis. Natürlich versuchte ich, die Angelegenheit, vor der Tür zu lassen. Doch das ging nicht. Ich konnte den Ärger, der in mir entstanden war, nicht überspringen oder abstreifen, so sehr ich mich auch bemühte. Gute Miene half nicht. Ich konnte nicht aus meiner Haut heraus. Bei dem Ärger, der in mir war, konnte ich keine Freude vermitteln. Es spielte dann auch keine Rolle, dass die Worte in meinem Konzept schön und wohlüberlegt waren und durchaus korrekte Informationen zum Thema transportierten. Es wurde ein freudloser und damit lebloser Gottesdienst. So ist es manchmal. So ist das Leben.

Da hilft nur eins: der nächste Gottesdienst!

Für eine reibungslose Umsetzung finden Sie Bastelanleitungen und Druckvorlagen für einige Mitgebsel und Materialien sowie die Entwürfe zum Ausdrucken und Bearbeiten im Download-Bereich unter: www.neukirchener-verlage.de/zusatzmaterial *(Passwort: Sonne23).*

1. A wie Anfang

Ein Gottesdienst zum Jahresanfang | 1. Mose 1; 1. Mose 12, 1-4

Material

- ein großes farbiges A, aus Pappkarton gebastelt, zum Aufstellen
- eine Bibel zum Aufschlagen

Ablauf

Musik

Begrüßung

Lied: Die güldne Sonne voll Freud und Wonne (EG 449, 1.4.8)

Eröffnung

Psalm: Psalm 23 (LUT)

Gebet
Ein neues Jahr hat angefangen!
Gott, wir danken dir, dass wir das erleben dürfen.
Aber wir haben auch Mühe und sind voller Fragen:
Wie wird das Jahr werden?
Werden wir genug Kraft haben für alles, was kommt?

Guter Hirte, wir bringen vor dich, was uns bewegt.
Höre, was wir dir in der Stille sagen.
(Gebetsstille)

So nimm du uns jetzt an die Hand und führe uns.
Wir möchten dir vertrauen.
Amen.

Lesung: 1. Mose 12, 1-4 (LUT)

Glaubensbekenntnis

Lied: Bis hierher hat mich Gott gebracht (EG 329, 1-3)

Predigt

Liebe Gemeinde,
ein neues Jahr hat angefangen. Darum habe ich heute das große A mitgebracht.

A – wie Anfang, A – wie Aufbruch oder für die Fußballfreunde unter uns: A – wie Anpfiff und Anstoß. Oder ganz einfach A – wie ABC. Das A ist der erste Buchstabe im Alphabet. Wir lernen es in der Schule. Das A erinnert mich darum an meinen Schulanfang. Wie ich mit Freude und Stolz zum ersten Mal in die Schule gegangen bin! Mit der Schultüte im Arm und dem Schulranzen auf dem Rücken. Ich war neugierig und gespannt auf das, was mich erwartet.

An welchen Anfang können Sie sich erinnern? Welcher Anfang war wichtig für Sie? *(Pause)*

Auch der Schulanfang? Oder ist Ihnen ein anderer Anfang besonders in Erinnerung? *(Pause)* Vielleicht der Anfang in der Lehre? Als sie aus dem Elternhaus ausgezogen sind und neu angefangen haben, an einem neuen Ort? Der erste Tag bei einer neuen Arbeit? Als Sie jung verheiratet waren und in einem möblierten Zimmer wohnten? Mit ganz wenig haben Sie da angefangen. Oder später, nach dem Ende Ihrer Ehe, als Sie noch einmal ganz neu anfangen mussten, allein und vielleicht mit Kindern? Das ist nicht leicht. Manchmal weiß man gar nicht, *wo* man anfangen soll.

Aller Anfang ist schwer. Den Satz kennen Sie. Und Sie kennen auch die Erfahrung. Immer wieder im Leben fangen wir neu an. Wer hingefallen ist und sich etwas gebrochen hat, muss vielleicht noch einmal anfangen, laufen zu lernen.

Anfangen ist aber auch schön. In der Schule habe ich mich immer über ein neues Heft gefreut. Ich hatte Freude, ein neues Heft anzufangen. Die erste Seite im Heft war noch ganz weiß und sauber, ohne Eselsohren und Flecken. Und auch ohne Fehler. Nichts war rot angestrichen. Ich habe mir dann besondere Mühe gegeben, dass alles schön wird, was ich schreibe. Und habe mir vorgenommen: So schön soll jetzt das ganze Heft werden.

Dieses Beispiel zeigt: Anfangen bedeutet auch, dass ich neu anfangen darf. Und das ist immer ein Geschenk.

Wer macht uns dieses Geschenk? Womit fängt alles an? Schlagen wir einmal die Bibel auf. Was steht da? *(Bibel aufschlagen und vorlesen!)* Da steht: „Am Anfang schuf Gott Himmel und Erde" (1. Mose 1, 1). Das sind die ersten Worte der Bibel. Das also ist der Anfang: Gott erschafft das Leben. Er schafft Sonne und Mond, Land und Meer. Er schafft die Pflanzen und Tiere und uns Menschen. Und Gott schafft die Ruhe, die Pause am siebten Tag. Gott richtet die Erde wunderbar ein. Er sorgt dafür, dass alles da ist. Das ist der Anfang von allem: Gottes schöpferische Liebe, seine Freude am Leben, seine Fürsorge.

Aller Anfang ist schwer, sagen wir. Doch hier werden wir daran erinnert, dass Gott den Anfang gemacht hat. Das müssen wir gar nicht tun. Und weil Gott den Anfang schon gemacht hat, ist auch immer schon etwas da, wenn wir anfangen, etwas, das Gott vorbereitet hat, das uns auch hilft.

Überlegen wir doch, wie das bei uns war. Als wir Kinder waren und in die Schule gegangen sind, haben wir uns gefreut, aber vielleicht hatten wir auch Angst, denn alles war neu. Das war nicht leicht. Doch dann haben wir gemerkt: Es gibt in der Schule auch Freunde und Freundinnen zum Spielen und eine verständnisvolle Lehrerin.

Und wie war es später, bei den Anfängen, die dann gekommen sind, die vielleicht auch schwer waren? Was hat uns da geholfen? Sollen wir mal sammeln? Was hat Ihnen geholfen, als Sie einmal neu angefangen haben?

(Antworten erfragen und/oder folgendes anbieten:

- *Es hilft, wenn man nicht allein ist, wenn noch andere da sind, die auch neu anfangen. Die verstehen, was Mühe macht.*

- *Es hilft, wenn man einen Partner hat und zusammensteht. Gemeinsam kann man es schaffen.*
- *Es hilft, wenn Leute da sind, die mit uns teilen und etwas abgeben.*
- *Es hilft, jung zu sein: da hat man Kraft und kann arbeiten! Fleißig sein hilft und Ausdauer haben.*
- *Aber man braucht auch Glück. Man braucht gute Gelegenheiten, die man am Schopf packen kann.*
- *Und manchmal bekommt man unerwartet Hilfe: Ich fühlte mich ganz verloren, aber da war plötzlich jemand, dem bin ich aufgefallen. Der hat gemerkt, was ich kann, und hat mir eine gute Arbeit gegeben. Da ging es aufwärts.)*

Hat Gott hier nicht seine Spuren gelegt und für uns gesorgt und uns geholfen, auch durch Menschen, die für uns da waren?

Auch wenn wir in dieses neue Jahr gehen, ist das so: Wir müssen nicht den Anfang machen. Wir können in das neue Jahr gehen und Gott legt seine Spuren. Er sorgt dafür, dass da ist, was wir brauchen, damit wir neu anfangen können.

A – wie Anfang, das kann auch heißen: A – wie Angst. Angst vor dem Neuen, dem Unbekannten; Angst vor dem, was kommt. Doch das große A hier in unserer Mitte erinnert uns daran:

Gott macht den Anfang. Er macht nicht nur einmal mit der Welt einen Anfang. Er macht auch mit uns Menschen immer wieder einen neuen Anfang. Und steht uns bei, wenn wir neu anfangen.

Abraham, von dem wir in der Lesung gehört haben, hat das erlebt. Abraham lebte mit seiner Frau Sara in Haran. Da ruft ihn Gott: „Abraham, mach dich auf den Weg. Verlass deine Heimat, zieh fort in ein neues Land, das ich dir zeigen will. Ich werde mit dir gehen und zu dir halten. Ich werde für dich sorgen. Ich werde dich auch verteidigen. Ich werde dich segnen" (1. Mose 12, 1-4).

Abraham ist 75 Jahre alt als er diese Stimme hört. Und er folgt ihr. Obwohl er schon so alt ist, fängt er noch einmal neu an. Er verlässt seine Heimat. Er macht sich auf einen neuen Weg. Ich finde das unglaublich. Er bricht auf, weil er Gottes Stimme hört und ihr vertraut. Er macht einen neuen Anfang im Gottvertrauen.

Das A steht heute in der Mitte: A wie Anfang und Aufbruch. A wie Angst, die uns an der Schwelle zu Neuem überkommt. Und A – wie Abraham, der einen neuen Anfang macht im Gottvertrauen. Von allen Anfängen, die Gott uns schenkt, ist das vielleicht der kostbarste: wenn wir wie Abraham anfangen, Gott zu vertrauen. Und für diesen Anfang ist es nie zu spät. Dafür sind wir nie zu alt!

Und jetzt sage ich Amen. Amen bedeutet: So soll es sein. Und das ist gewisslich wahr.

Noch so ein schönes Wort, das mit A anfängt.

Lied: Alles ist an Gottes Segen und an seiner Gnad gelegen
(EG 352, 1.2.4)

Gebet[6]

Am Anfang, bevor die Welt begann, als alles noch ohne Gestalt war,
da warst du da, Gott,
hast Himmel und Erde geschaffen.
Alles, was grün und blau ist, was tief ist oder wächst.
Alles, was zart ist, fest, duftend und eigenartig ist.
Alles, was redet, singt, schreit, lacht oder schweigt.
Alles, was leidet, mangelt, hinkt oder am Ende ist.
Deine Hand, lieber Gott, hat alles geschaffen.
Dafür loben wir dich.

Bevor wir da waren, noch im Mutterleib, ohne Form,
da warst du da, hast uns dein Eigen genannt,
hast uns einzigartig gemacht
und uns ins Leben gerufen.

---

6 Nach dem Morgensegen der Liturgie der Iona-Kommunität in Schottland.

Dafür loben wir dich.

Und jetzt, wo ein neues Jahr beginnt, bist du da.
Du weitest unseren Blick und gibst uns Hoffnung.
Du hebst die Fäden unseres verlorenen Vertrauens wieder auf.
Und so wird es immer sein.
Denn du hast gesagt, ich bin das A und das O,
der Anfang und das Ende.
Du hast uns nicht das Paradies auf Erden versprochen,
aber dass du bei uns bist und mit uns gehst.
Dafür loben wir dich.
Amen.

Vaterunser

Segen

Lied: Großer Gott, wir loben dich (EG 331, 1-3)

Musik

2. Hans im Glück

Ein Gottesdienst für die Karnevalszeit und andere lustige Gelegenheiten | Psalm 23; Matthäus 5, 3-9

Material

- ein Märchenbuch
- ein großer, in Goldpapier eingewickelter Stein als „Goldklumpen“
- zwei einfache Feldsteine
- ein bunter Karnevalsschlips und ein Clownshut für den/die Prediger:in

Ablauf

Musik

Begrüßung
Heute geht es ums Glücklichsein! „Glück muss man haben“, sagen wir, zum Beispiel wenn wir ein Los gezogen und gewonnen haben. An Gott glauben zu können ist auch ein Glück. Wenn wir glauben, haben wir schon das große Los gezogen. Davon hören wir heute.

Lied: Lobet den Herren alle, die ihn ehren (EG 447, 1-2.6-7)

Eröffnung

Psalm: Psalm 23 (LUT)

Gebet
Gott, du bist bei uns – auch an dunklen Tagen.
Das ist unser Glück.
Deine Nähe tut gut.
Deine Worte trösten uns und helfen weiter.

Wir brauchen dich auch.
Denn immer wieder drückt uns Angst und Sorge.
Wir fragen: Wie geht es weiter?

Wir bitten dich:
Nimm die Last von uns.
Helle unsere Seele auf.
Schenk uns, dass wir glücklich sein können
in deiner Nähe.
Amen.

Einleitung zur Lesung
Ist Glücklichsein eigentlich ein Thema in der Bibel? Aber ja! Hören wir auf einen Abschnitt aus der Bergpredigt, den Sie sicher kennen.

Lesung: Matthäus 5,3-9 (BB)

Glaubensbekenntnis

Lied: Such, wer da will, ein ander Ziel (EG 346, 1.3-4)

Predigt
Liebe Gemeinde,
heute ziehe ich einen bunten Schlips an und setze mir einen bunten Hut auf; einen Clownshut – und einen Clownsschlips für einen Spaßmacher. Denn wir haben Karneval! Die fünfte Jahreszeit! *(Schlips und Hut anziehen)*

Überall am Rhein wird gefeiert, von Düsseldorf bis Mainz und auch hier im Haus – mit Schunkeln, Spaß und Lustigsein. Am Rosenmontag ziehen die Umzüge durch die Stadt. Und manch ein Politiker kriegt von der Bütt aus den Marsch geblasen. Denn, so sagt es das Sprichwort: Kinder und Narren, die sagen die Wahrheit! Denn in manchem Spaß und in mancher Narretei steckt tiefe Weisheit.

Auch in der Geschichte, die ich für heute ausgesucht habe. Es ist, weil wir Karneval haben, ein Märchen: das Märchen von Hans im Glück![7] *(Märchenbuch zeigen)*

7 Ich bürste in meiner Predigt das Märchen „Hans im Glück" gegen den Strich, denn ich verstehe Hans hier als Held und nicht als Antiheld. Üblicherweise ist Hans ein Antiheld, weil er unüberlegt handelt und seinen Goldklumpen – Symbol für ein großes Potential, das aber noch geformt werden muss, – nicht nutzt, sondern unvorteilhaft eintauscht. Im Kontext des Altwerdens kann man seine Geschichte aber, wie in diesem Beispiel, durchaus anders verstehen und auslegen. Man sieht also: Heldentum ist relativ.

Kennen Sie das Märchen von Hans im Glück? *(Pause)*

Hans hatte sieben Jahre seinem Herrn gedient. Dann sagte er zu ihm: „Herr, meine Zeit ist um. Nun wollte ich wieder heim zu meiner Mutter. Gebt mir meinen Lohn."

Und weil Hans seinem Herrn treu und ehrlich gedient hatte, bekam er einen guten Lohn.

Wissen Sie, was Hans als Lohn bekommen hat? *(Pause)*

Ein Stück Gold, das so groß war wie sein Kopf. Also einen richtig großen Goldklumpen.

Das ist ein Vermögen! *(den eingewickelten Stein zeigen und auf den Altar legen)* Hans wickelt den Goldklumpen in ein Tüchlein und macht sich auf den Weg nach Hause. Aber schon bald merkt er: Das Gold ist schwer. Es drückt ihn auf die Schulter. Er hat Mühe beim Gehen.

Leichter wäre es, ohne ihn!

Da kommt ein Reiter vorbei und Hans sagt: „Ach, was ist das Reiten schön! Da stößt man sich an keinem Stein und kommt voran, so schnell – man weiß nicht wie!" Der Reiter hört es und hält an. Bald sind sie sich einig und tauschen: Hans bekommt das Pferd, der Reiter den Goldklumpen.

Hans ist sehr glücklich über den vorteilhaften Tausch. Doch bald zeigt sich, das Pferd ist ziemlich wild! Es wirft ihn ab! Doch Hans hat wieder Glück: Er kann wieder tauschen. Er tauscht das wilde Pferd ein für eine Kuh. Zwar muss er dann feststellen: Die Kuh gibt ja gar keine Milch mehr! Na, dann tauscht er eben wieder! Er tauscht die Kuh ein für ein Schwein. Und so geht es weiter.

Hans tauscht auch das Schwein gegen eine Gans. Dann trifft er einen Scherenschleifer. Der Scherenschleifer schwärmt von seinem Beruf! Und so tauscht Hans auch mit ihm. Er gibt die Gans weg und bekommt dafür einen Wetzstein und einen Feldstein!

Was sollen wir dazu sagen? Am Anfang hatte Hans ein Klumpen Gold. Jetzt sind zwei einfache Steine daraus geworden! (zwei Feldsteine zeigen und neben den „Goldklumpen" legen) Ist Hans nicht ein

Narr, dass er solche Tauschgeschäfte macht? Wo er doch bei jedem Tausch verliert! Und trotzdem ist er jedes Mal froh und glücklich! Er nennt sich ein „Glückskind" und „Sonntagskind"!

Jetzt ist Hans schon fast zuhause. Da bekommt er auf einmal großen Durst! Er kommt an einem Brunnen vorbei und möchte trinken. Also legt er seine beiden Feldsteine auf dem Rand des Brunnens ab.

Und jetzt passiert es: Er stößt an die beiden Steine. Und sie fallen hinab in den Brunnen. Weg sind sie! Jetzt hat er gar nichts mehr! Doch was lesen wir bei den Brüdern Grimm *(Märchenbuch aufschlagen und vorlesen)*: „Als Hans sie mit seinen Augen in die Tiefe versinken hatte sehen, da sprang er vor Freuden auf, kniete dann nieder und dankte Gott mit Tränen in den Augen, dass er ihm auch diese Gnade noch erwiesen und ihm auf eine so gute Art und ohne dass er sich einen Vorwurf machen brauchte, von den schweren Steinen befreit hätte. So glücklich wie ich, rief er aus, gibt es keinen Menschen unter der Sonne. Mit leichtem Herzen und frei von aller Last sprang er nun fort, bis er daheim bei seiner Mutter war."

Das ist doch wirklich eine närrische Geschichte: Da tauscht einer seinen Goldklumpen, sein ganzes Vermögen, ein. Und als er am Ende gar nichts mehr hat, ist er der glücklichste Mensch unter der Sonne! Was meinen Sie: Warum ist Hans so glücklich? *(Pause)*

Hans ist glücklich, weil es nach Hause geht, heim zur Mutter! Alles, was ihm das Heimkommen erleichtert, macht ihn glücklich! Jeder Tausch, der in unseren Augen verrückt und närrisch ist, macht ihn darum glücklich: Er macht ihm das Heimkommen leichter!

Und am Schluss ist Hans am glücklichsten, weil er nichts mehr tragen und schleppen muss, sondern frei von aller Last heimspringen kann! Ja, er dankt für die Gnade, dass die Steine in den Brunnen gefallen sind und er unbelastet und ohne jeden Vorwurf, mit leichtem Herzen heimspringen kann!

Und hat Hans nicht recht, mit seinem Glück? Ist das nicht ein wunderbares Glück, dass Hans ein solches Zuhause hat, wo er einfach so heimkommen kann – mit leeren Händen? Wo er nichts mitbringen muss: keinen Cent, keinen Penny vom Lohn seiner Arbeit, keinem Klumpen – ja nicht mal ein Krümelchen Gold.

Nur er selbst wird erwartet! Was ist das nur für ein wunderbares Zuhause, was für eine wunderbare Mutter, zu der Hans heimkehrt!

Liebe Gemeinde, in diesem närrischen Märchen wird uns vom Glück unseres Glaubens erzählt: Wie Hans, so schaffen auch wir in unseren jungen Jahren. Wir stehen in Diensten. Wir arbeiten für die Familie, die Eltern, für die Kinder. Wir sind froh, wenn wir Arbeit haben. Wir arbeiten treu und redlich.

Und wir werden für unsere Arbeit, für unser Mühe auch belohnt. Vielleicht mit dem Häuschen mit Garten, mit einer Wohnung, die wir schön eingerichtet haben, mit einer Familie, mit einer Reise, die wir machen können, einem Urlaub ... mit allerlei Gut und Gütern, die uns kostbar und wertvoll sind.

Doch diese Zeit geht vorbei. Es kommt die Zeit, in der wir alt werden. Dann beginnt das Tauschen. Das Haus mit Garten, wird uns auf einmal viel zu schwer! Es macht uns Mühe, das alles zu putzen und zu pflegen. Es wird zur Last, so wie der Goldklumpen für Hans zur Last geworden ist. Und wenn wir Glück haben, können auch wir tauschen: Wir tauschen das Haus mit Garten ein für eine kleine Wohnung, oder für ein Seniorenappartement. Wir tauschen das schöne Auto in der Garage ein für einen Rollator (den sogenannten „Rolls Royce“). Später tauschen wir wieder. Wir tauschen die kleine Wohnung für ein Zimmer im Pflegebereich des Altenheims. Und den Rollator, den tauschen wir ein für einen Rollstuhl.

So ist das, wenn wir alt werden: Es ist die Zeit des Tauschens. Doch das ist gar nicht leicht. Wir möchten doch das Haus, den Garten, die Wohnung, das Auto in der Garage am liebsten behalten. Wir möchten es nicht eintauschen, obwohl es das Leben leichter macht, wenn wir den Garten, die Wohnung nicht mehr pflegen müssen! Wir tauschen nicht gerne. Es tut uns weh! Wir sind darüber nicht glücklich. Vielmehr trauern wir um das, was wir einmal hatten und jetzt loslassen, eintauschen müssen. Wo am Anfang Gold war, bleibt uns dann am Ende nur die Last des Alters wie zwei schwere Feldsteine.

Doch Hans erzählt uns diese Tauschgeschichte nicht als eine traurige Geschichte, sondern als eine glückliche: nämlich als eine Geschichte vom Heimkommen! Und so verkündet er uns das Glück eines Lebens im Glauben. Denn unser Glaube sagt uns, dass das Leben – auch unser Altwerden ein Weg nach Hause ist. Und das Sterben ein Heimkommen. Wie Hans zu seiner Mutter heimkommt, so kommen wir am Ende des Lebens Heim zu Gott, der voller Freude auf uns wartet, und uns mit offenen Armen in Empfang nimmt.

Das ist unser Glück: Wir haben ein Zuhause! Dieses Zuhause ist nicht nur das Häuschen mit Garten, die gemütliche Wohnung, das Zimmer, das wir wieder eintauschen und verlassen müssen. Das Zuhause, das wir haben, ist ein Zuhause, das bleibt, ein Zuhause bei Gott in seiner Ewigkeit. So haben wir es gebetet im Psalm 23, 6: „Gutes und Barmherzigkeit werden mir folgen mein Leben lang, und ich werde bleiben im Hause des Herrn immerdar." Und so wie Hans mit leeren Händen heimkommen kann, so brauchen auch wir gar nichts mitbringen, wenn wir heimkommen zu Gott. Gott erwartet uns. Er freut sich auf uns, so wie wir sind und nimmt uns herzlich auf in seine Arme. Dort wird uns nichts fehlen. Ist das nicht ein Glück? Können wir uns da nicht wie Hans „den glücklichsten Menschen unter der Sonne" nennen?

Am Schluss unseres Märchens fallen dem Hans auch die beiden Feldsteine in den Brunnen.

Genauso wird es bei uns sein: Die Last des Alters, all die Mühe, die wir haben, alle Beschwerden und Kümmernisse werden von uns abfallen, wenn wir sterben. Und wir werden wie Hans mit leichtem Herzen und frei von aller Last fortspringen, bis wir daheim bei unserer Mutter sind, bei unserem Gott. Was für ein Glück!

Und noch etwas: Den Hans im Glück aus dem Märchen stellen wir uns ja immer wie einen jungen Hans vor. Ist es nicht so? Der Hans ist doch ein junger Bursche, oder? Und das gilt auch für uns: Auch wenn wir alt werden, auch wenn unser Leib schwach und gebrechlich wird, können wir doch im Herzen immer noch jung sein! Ja, unser Herz bleibt jung. Es kann und darf wieder ganz jung werden, darf sich freuen, leicht werden, glücklich sein und lustig sein und springen vor Freude! Weil Altwerden und Sterben ein Heimkommen ist!

In einem Gebet fand ich die schönen Sätze:

Ich tanze mich, Gott,
in deine Arme (...)
ich tanze mein Hoffen und Ängsten
ich tanze mein Freuen und Trauern
ich tanze mein Leben und Sterben
in deine Arme hinein
(Christa Peikert-Flaspöhler)

So hat es Hans gemacht, so dürfen es auch wir tun. Und der Friede Gottes, welcher höher ist als alle Vernunft, bewahre unsere Herzen und Sinne in Christus Jesus.
Amen.

Lied: Ich singe dir mit Herz und Mund (EG 324, 1-2.12-13)

Gebet: „Wir sind nur Gast auf Erden“ von Georg Thurmair (EG 981)[8]

Vaterunser

Segen

Lied: Großer Gott, wir loben dich (EG 331, 1.9.11)

Musik

8 In der Ausgabe für die Ev. Kirche im Rheinland, Westfalen, und die Lippische Kirche.

3. Ostern – da bin ich richtig!

Ein Gottesdienst mit Abendmahl für die Osterzeit | Johannes 10, 11.27-30; 20, 1-18

Material:

- Ein Kostüm für die Rolle der Maria Magdalena, z.B. ein einfaches, langes Kleid mit Schultertuch zum Umhängen und einem Tuch, das um den Kopf gebunden ist. Während des zweiten Liedes zieht die Predigerin ihr Kostüm an.

Mitgebsel:

Sonnenstrahlen aus gelbem Fotokarton geschnittene, spitz zulaufende Papierstreifen auf denen geschrieben steht „Jesus lebt, mit ihm auch ich!“

Ablauf

Musik

Begrüßung

Lied: Wir wollen alle fröhlich sein (EG 100, 1-3)

Eröffnung

Psalm: Psalm 30, 6b.12-13 (LUT)

Gebet
Lebendiger Gott,
an Ostern hast du Totenklage verwandelt in Lobgesang,
Trauer in Freude,
Angst in neuen Lebensmut.
Wir bitten, lass dies auch heute geschehen!

Wir bringen dir unsere Trauer,
unsere Angst, unser Verzagen und bitten:
Stecke uns an mit Osterfreude,
Erfülle uns mit neuer Hoffnung,
Schenke uns das Vertrauen,
dass du bei uns bist
und dass deine Wege uns ins Leben führen.
Herr, erbarme dich!
Amen.

Lesung: Johannes 10, 11.27-30 (LUT)

Glaubensbekenntnis

Lied: Gelobt sei Gott im höchsten Thron (EG 103, 1-4)

Erzählpredigt[9]

Hier wird Ostern gefeiert! Prima! Dann bin ich hier richtig! Ich will – nein, ich *muss* euch von meinem Osterfest erzählen.

Wer ich bin? Ich heiße Maria. Maria Magdalena – nennen mich die Leute. Denn ich komme aus Magdala. Das ist ein Fischerdorf am See Genezareth. Da komme ich her. Ich bin dort geboren, aber ich bin nicht dortgeblieben. Zum Glück: Ich hatte nämlich keine schöne Zeit dort. Ich war krank. Darum war ich ausgestoßen im Dorf. Meine Eltern schämten sich für mich! Ich hatte keine Zukunft.

Dann ist Jesus gekommen. Er hat mich, die Kranke gesehen. Und er hat mich gesundgemacht. Fragt mich nicht, wie das geschehen ist. Ich kann es nicht erklären. Die Heilung war eine Befreiung für mich. Mich hat dann nichts mehr zuhause gehalten.

Ich bin mit Jesus mitgegangen. Denn ich hatte viele Fragen. Ich wollte von Jesus lernen. Und ich wollte ein neues Leben. So wurde ich seine Jüngerin. Ja, Jesus nahm mich wirklich als seine Schülerin auf. Mich, eine Frau. Wo hat man so etwas schon gehört?

Ihr wisst ja, sicher wie es uns ergangen ist. Überall wo Jesus hingekommen ist, hat sich was verändert. Viele haben Jesus willkommen geheißen, vor allem die einfachen Leute, die Tagelöhner, die Kinder, die Frauen; alle, die abgeschrieben waren. Die wichtigen Leute aber, die das Sagen hatten, Schriftgelehrte und andere, die haben Jesus gefürchtet, seine Taten, und auch seine Worte! Sie wollten ihn aus dem Weg schaffen. Und es ist ihnen gelungen.

Grausam haben sie Jesus zu Tode gebracht. Sie haben ihn gekreuzigt, wie einen Verbrecher! Das war der dunkelste Tag in meinem Leben. Aus der Ferne habe ich alles mit angesehen. Es war fürchterlich.

---

9 Vorgetragen und vorspielt in der Rolle der Maria Magdalena. Der Text muss nicht auswendig vorgetragen werden. Er kann in großen Buchstaben gedruckt werden und dann z.B. auf einem Notenständer vor Maria Magdalena stehen.

Zusammen mit Maria, der Mutter von Jesus und Johannes, einem anderen Jünger bin ich Jesus gefolgt, als die Soldaten ihn weggebracht haben. Heimlich, denn das war verboten. Die anderen Jünger sind alle weggelaufen. Sie hatten Angst, wollten ihre eigene Haut retten. Ich konnte einfach nicht weglaufen. Ich wollte, solange es irgendwie ging, bei Jesus bleiben.

Er hatte mich doch gesundgemacht, er hatte mir ein neues Leben geschenkt. Ich konnte und wollte ihn nicht aufgeben. Ich höre noch seinen Todesschrei. Den werde ich nie vergessen.

Als es Abend wurde haben sie Jesus schnell vom Kreuz genommen. Josef aus Arimathäa und Nikodemus. Der eine von Ihnen, Josef, hatte Verbindungen zu den Römern und ein Grab in der Nähe. Dort haben sie ihn hingebracht. Es musste ja ganz schnell gehen, denn der Sabbat fing an und das große Fest, das Passah, zu dem alle nach Jerusalem gekommen waren.

Doch ich konnte nicht feiern. Ich wollte nur eines: Jesus, meinen geliebten Freund, meinen Befreier und Lehrer noch einmal sehen und von ihm Abschied nehmen. Wenigstens das! Meine aufgewühlte Seele musste doch irgendwie zur Ruhe kommen.

Dann war der Sabbat endlich vorbei. Sehr früh, noch in der Nacht, machte ich mich auf den Weg zum Grab. Ich war allein. Niemand sonst war auf den Beinen. Als ich beim Grab war, sah ich es gleich: Der Stein vor dem Grab war weggewälzt! Ich war entsetzt! Denn das konnte nur eines bedeuten: Jesus ist weg! Dass er tot war, genügte ihnen wohl nicht. So schnell ich konnte, rannte ich zu den Jüngern. „Sie haben meinen Herrn weggenommen“, schrie ich ihnen atemlos entgegen, „und ich weiß nicht wo sie ihn hingebracht haben!“

Petrus und Johannes wollten es selber sehen und rannten los. Ich kann euch sagen, es war wie ein Wettlauf. Sie stürzen sich ins Grab. Natürlich fanden sie ihn nicht und zogen wieder ab.

Ich blieb. Wie damals unter dem Kreuz. So sind wir Frauen wohl: Wir bleiben.

Ich weinte. Mir liefen die Tränen, Tränen über Tränen. Es kam alles heraus, Angst, Schrecken, Verzweiflung, Trauer. Nach einer Weile ging ich dann auch hinein ins Grab. Da standen zwei in weißen Gewändern. Keine Ahnung, wie die dahin gekommen sind. Jedenfalls fragten sie mich: „Warum weinst du?“ Diese Frage machte mich wütend! „Sie haben meinen Herrn weggenommen und ich weiß nicht, wo sie ihn hingelegt haben!“ Ich drehte mich um und rannte hinaus. Da stand schon der nächste. Ich dachte, es ist der Gärtner. „Frau, wen suchst du, warum weinst du?“, fragte er. „Noch einer, der dumme Fragen stellt!“, dachte ich und fragte zurück: „Hast du ihn weggetragen? Dann sag mir, wo du ihn hingelegt hast!“

Versteht mich! Ich war verzweifelt und wütend. Darum habe ich ihn nicht erkannt. Es war Jesus. Aber ich bin einfach an ihm vorbeigelaufen. Da hörte ich noch einmal seine Stimme: „Maria!“

Ich weiß nicht, ob ihr das kennt: Jemand ruft euch mit Namen und es geht durch und durch. So war das für mich in diesem Moment: Es ging durch und durch; durch die Tränen hindurch, durch meine Verzweiflung, meine Wut, meine ganze Trauer. Ich blieb stehen, drehte mich um – und erkannte ihn. Es war Jesus. Er war lebendig! Er stand da und schaute mich an.

Dieser Moment war die zweite große Wende in meinem Leben. Und es war wieder eine Befreiung. Sie war vielleicht noch größer als damals beim ersten Mal, als Jesus mich von der Krankheit befreite: Es war wie eine Auferstehung.

Ja, dieser Morgen war nicht nur seine, sondern auch meine Auferstehung! Alles in mir war doch finster gewesen. Mein Inneres war wie ein Grab, in dem alles tot war. Ich fühlte nichts mehr, hoffte nichts mehr. Und dann stand Jesus da und schaute mich an! Und in dem Moment wurde es hell in mir. Leben kam in mich. Ich rannte zu ihm und umarmte ihn.

Und dann ging alles ganz schnell: Jesus löste die Umarmung und sagte: „Halt mich nicht fest, Maria! Ich werde nicht bleiben. Ich werde zu meinem Vater gehen, der auch euer Vater ist, zu meinem Gott, der auch euer Gott ist. Und jetzt geh, erzähl den anderen Jüngern, was du erlebt hast. Bleib nicht mehr, sondern geh. Geh und sag es weiter!"

Ja, und darum bin ich jetzt hier: um euch das alles zu erzählen. Ich kann es nicht erklären, ich kann es selbst nicht begreifen, aber Jesus lebt. Vielleicht könnt ihr es jetzt nicht glauben. Aber habt Vertrauen: Jesus kennt euch, so wie er mich gekannt hat und wusste, wo er mich findet und wie verzweifelt ich war. Er wird auch euch suchen und finden, wenn ihr verzweifelt seid und ratlos und am Ende. Wie ein guter Hirte wird er euch suchen und finden. Und wenn er euch ruft, dann hört auf seine Stimme! Es ist die, die euch ins Leben ruft! Achtet darauf!

Weil das so ist, könnt ihr ohne Angst nach vorne schauen. Auch wenn der Tod kommt, und er wird ganz gewiss kommen. Auch wenn es finster wird in eurer Seele – habt keine Angst! Was euch wie das Ende vorkommt, ist nicht das Ende. Der gute Hirte wird euch suchen und finden, er wird euch ins Licht holen und wird euch Leben schenken. So war es bei mir.

Und jetzt muss ich wieder weiter. Doch ich will euch noch etwas mitgeben: einen Sonnenstrahl. Ich habe drauf geschrieben, was Ostern bedeutet. „Jesus lebt, mit ihm auch ich!"

Nehmt den Sonnenstrahl mit, als kleines Geschenk von mir, als Hoffnungsschimmer, der euch an Jesus erinnert. Und jetzt Schalom! Oder Tschüss, Ade, Bye-bye, wie man bei euch wohl sagt!

(Maria Magdalena verteilt die Mitgebsel. Während das nächste Lied gespielt wird, tritt die Predigerin ab und zieht das Kostüm wieder aus.)

Lied: Jesus lebt, mit ihm auch ich! (EG 115, 1.5-6)

Fürbitte
Auferstandener Christus,
wir leben noch im Schatten des Todes.
Wir wollen nicht an den Tod erinnert werden.
Wir fürchten ihn.

Darum brauchen wir dich: Vertreibe die Finsternis, die auch wir erleben
durch deine liebende Nähe und dein befreiendes Wort.
Rufe uns mit Namen, auch durch Menschen, die für uns da sind.
Mach uns gewiss, dass du uns kennst.

Lass uns österlich leben,
mit Hoffnung,
mit Freude,
mit Mut,
zu deiner Ehre
und zum Segen für deine Welt.

Wir bitten dich für die Verfolgten dieser Welt,
auch für unsere Glaubensgeschwister, die verfolgt werden und leiden,
für die Menschen, die keine Heimat haben,
für die Flüchtenden in seeuntüchtigen Booten,
für die Kinder, die Schreckliches sehen müssen:
Halte sie in deiner Hand, schütze sie, rette sie, heile sie.

Stärke alle Menschen, die aufstehen gegen Tod,
und sich für Recht und Frieden einsetzten.

Gib deiner weltweiten Kirche Glaubensmut und Hoffnung.
Amen.

Abendmahlsfeier mit Abendmahlsgebet
Herr Jesus Christus, Lebendiger, Auferstandener,
wir suchen dich, weil du die Tiefen kennst:
die Tiefen der Angst, der Leiden, die Nacht des Todes.
Du hast dem Tod die Macht genommen
und uns die Tür zum Leben geöffnet.
Darum kommen wir an deinen Tisch,
mit unseren Ängsten und Zweifeln,
mit unserem Hunger nach Licht und Leben – und bitten dich:
Sei unter uns, wenn wir die Gaben teilen.
Lass das Brot für uns zum Brot des Lebens werden,
und den Kelch zum Trank der Hoffnung und der Freude.

Vaterunser

Sendungswort: Johannes 14,19 b (LUT)

Danksagung: Psalm 103, 1-4 (LUT)

Lied: Christ ist erstanden (EG 99)

Vorspruch zum Segen:
Martin Luther hat gesagt: „Wo der Glaube ist, da ist auch Lachen."

So geht nun hin mit dem Segen des Herrn!

Segen

Musik

4. Mein Leib – ein Tempel des Heiligen Geistes

Ein Gottesdienst zu Pfingsten | Psalm 139, 13-17; 1. Korinther 6, 19-20

Impulse zum Erleben:

1. verschiedene Gegenstände, die während der Predigt gezeigt werden und anregen
2. Ein Salbungsritual nach der Predigt[10]

Material:

- für die Predigt: ein frisch bezogenes Kissen, Nivea-Creme[11], ein Fön, ein schöner Schal.
- für die Salbung: Duftöl, das gut verträglich ist und ansprechend riecht[12], eine kleine Schale, der das Öl während der Salbung entnommen werden kann.

---

10 Wenn dies aus hygienischen Gründen nicht möglich ist, kann auch ein Abendmahl gefeiert werden, das ebenfalls mit sinnlichem Erleben verbunden ist.

11 Diese Marke hat den größten Wiedererkennungswert.

12 Ein Duftöl besteht aus einem gut verträglichen Trägeröl (z.B. Mandelöl), dem kleine Mengen von ätherischem Öl zugesetzt werden. Es gibt fertige kosmetische Öle zu kaufen. Eine Beratung mit der Möglichkeit zum Probieren oder auch zum individuellen Zusammenstellen der Duftnote gibt es in manchen Apotheken. Sie ist empfehlenswert auch hinsichtlich möglicher allergischer Reaktionen.

Musik

Begrüßung

Lied: Wie lieblich ist der Maien (EG 501, 1-3)[13]

Eröffnung

Psalm: Psalm 139, 13-17
Du, Gott, hast meine Nieren bereitet.
Du hast mich gebildet im Mutterleib.
Ich danke dir dafür, dass ich so wunderbar gemacht bin.
Wunderbar sind deine Werke, das erkennt meine Seele!

Gebet:
Wunderbar sind deine Werke, Gott!
Was du geschaffen hast, ist schön.
Auch mich hast du geschaffen,
vor langer Zeit.
Jetzt bin ich alt geworden.
Oft bin ich müde.
Manchmal lache ich, ich freue mich.
Oft weine ich auch, ich schimpfe leise.
Manchmal bin ich stumm.
Was ist aus mir geworden?

Wunderbar sind deine Werke, Gott,
was du geschaffen hast, ist schön.
Zeige mir, dass das noch immer wahr ist,
auch für mich.

---

13 Alternativ: Nun jauchzt dem Herren alle Welt (EG 288, 1-3.6).

Lass mich deine Liebe spüren, die mich kostbar macht!
Amen.

Lesung: 1. Korinther 6, 19-20 (LUT)

Glaubensbekenntnis

Lied: Wenn ich, o Schöpfer, deine Macht (EG 506, 1.4-5)

Predigt:
Liebe Gemeinde,
wir sind im schönen Monat Mai! Alles grünt und blüht! Endlich! Jetzt geht man wieder gerne hinaus ins Freie, an die Luft und in die Sonne! Viele Menschen sind froh gestimmt. Es werden Feste gefeiert.

Wir feiern Pfingsten, das Fest des Heiligen Geistes. Dabei erinnern wir uns an das, was einst in Jerusalem geschah: Die kleine Gemeinde der Jesus-Jünger war versammelt. Auf einmal braust und stürmt es – wie bei einem heftigen Windstoß. Es ist der Heilige Geist, der auf die Gemeinde herabkommt.

Alle sind Feuer und Flamme. Sie laufen hinaus auf die Straße und erzählen den Menschen draußen von den großen Taten Gottes. Afrikaner hören zu, Griechen hören zu, Römer und Ägypter. Und wie durch ein Wunder, können alle verstehen. Viele sagen: „Zu diesem Gott will ich auch gehören!“ Sie lassen sich taufen. Die kleine Gemeinde wächst zu einer großen Kirche heran. Heute gehören auch wir dazu. Auch wir sind getauft. Auch unter uns wirkt Gottes Geist.

Aber was ist das eigentlich, der Heilige Geist?

Der Heilige Geist ist Energie und Kraft. Es ist die Gotteskraft, die uns belebt. Diese Kraft macht uns lebendig. Sie stärkt uns, sie tröstet. Sie bringt Liebe und Freundlichkeit in unseren Alltag. Sie verbindet Menschen. Sie bewirkt, dass wir uns verstehen. Sie schenkt uns Vertrauen zu Gott. Gottes Geistkraft kann uns ergreifen wie ein Windstoß. Sie kann uns verändern, von außen und von innen her.

In der Lesung haben wir davon gehört. Der Apostel Paulus schreibt seiner Gemeinde: „Wisst ihr denn nicht, dass euer Körper ein Tempel für den Heiligen Geist ist? Wisst ihr nicht, dass Gottes Geistkraft in euch wohnt. Ihr habt sie nicht aus euch selbst, aber sie wohnt in euch, in eurem Leib" (1. Korinther 6, 19-20). Für die junge Christengemeinde damals war das etwas ganz Neues. Und auch für uns ist das vielleicht ein ganz neuer Gedanke: Unser Leib ist ein Tempel des Heiligen Geistes.

Unser Leib, das ist unser Körper.[14] „Na ja", sagen wir vielleicht, „das ist doch nichts Besonderes." Doch Paulus sagt: „Unser Leib ist ein Tempel. Gottes Geist wohnt darin." Darum sollen wir so mit unserem Körper umgehen, dass Gott geehrt wird. Wir sollen Gott mit unserem Leib loben.

Der Psalm, den wir vorhin gebetet haben, gibt uns ein Beispiel: Jemand betet und sagt: „Du, Gott, hast meine Nieren bereitet. Du hast mich gebildet im Mutterleib. Ich danke dir dafür, dass ich wunderbar gemacht bin. Wunderbar sind deine Werke, das erkennet meine Seele" (Psalm 139, 13-17).

Hier staunt ein Mensch. Er betrachtet sich, er schaut seinen Körper an und sagt: „Wunderbar! Du, Gott, hast mich wunderbar gemacht. Ich danke dir. Was du machst, ist einfach wunderbar!" So können wir Gott mit unserem Leib loben: Wir betrachten unseren Körper, wir staunen über ihn, wie über einen Tempel mit Türmchen, Toren und Zinnen. Wir würdigen unseren Leib und sagen: „Ich bin ja doch wunderbar gemacht!"

---

14 Der Begriff ‚Leib' bezeichnet den lebendigen, belebten, empfindenden Körper („Leib und Leben"). Im Begriff Leib ist die Einheit von Leib und Seele mitgedacht. Das entspricht dem biblischen Verständnis des Menschen, das ganzheitlich ist. Dennoch benutze ich in der Predigt auch den Begriff ‚Körper', da er in der Alltagssprache vorkommt und z.B. in der Verbindung mit Körperpflege vertraut ist.

Mein Leib, das ist kein DING. Mein Leib, das bin ICH:
Mein Körper,
meine Haare,
mein Gesicht,
meine Haut,
meine Augen,
meine Stimme,
meine Arme, meine Hände mit den Fingern,
mein Rücken, meine Brust,
mein Herz, das schlägt.
Mein Bauch,
meine Beine, meine Füße und Zehen.
Mein Leib lässt mich sehen, gehen, greifen, hören, riechen.
Er lässt mich fühlen: Freude und Schmerz, Müdigkeit und Wohlsein.
Alles das bin ich. Mein Leib, das bin ich – der ganze Mensch.

Achten wir doch einmal auf unseren Leib: Wie geht es Ihnen heute?
Wie geht es Ihrem Leib?
Fühlen Sie sich wohl in Ihrer Haut?
Sind Sie satt und zufrieden?
Frisch und munter?
Oder sind Sie müde?
Drückt es im Rücken oder im Bauch? Tut es irgendwo weh?
Haben Sie heute schon mal in den Spiegel geschaut?
Was haben Sie da gesehen – in ihrem Gesicht? Hat Ihnen das gefallen?

Vielleicht sind Sie traurig und ein wenig bedrückt, weil Sie vieles nicht mehr so können wie früher. Die Beine machen nicht mehr mit! Sie können nicht mehr so gut laufen. Oder nicht mehr gut sehen, nicht mehr gut hören.

Sie denken sich vielleicht: „Früher habe ich so viel Kraft gehabt, heute kriege ich kaum die Wasserflasche auf!"

Es ist nicht schön, das zu erleben. Da kann man schon mal ans Schimpfen kommen und ans Hadern. „Dieser blöde Rücken tut mir so weh! Und diese blöden Füße, warum wollen die nicht mehr! Jetzt muss ich am Rollator gehen. Nein, das mache ich nicht!"

Wann schimpfen Sie mit sich? *(Pause)*

Wenn Sie etwas vergessen haben, oder wenn Sie nicht schlafen können? Wenn Ihnen etwas aus der Hand fällt? Manchmal schimpfe ich leise, manchmal auch laut. Manchmal schimpfe ich mit mir selber und manchmal über die anderen. Wie soll ich da Gott loben, wenn ich so schwach und hinfällig bin?

Vielleicht hilft es ja, wenn wir uns erinnern, was Paulus sagt: „Wisst ihr nicht, dass euer Leib ein Tempel des Heiligen Geistes ist, der in euch wohnt, den ihr von Gott habt?"

Auch wenn unser Leib alt geworden ist und nicht mehr so stark und beweglich ist wie früher: Gottes Geist wohnt noch darin. Unser Leib ist immer noch ein Tempel für die Schönheit und Kraft Gottes in uns. Er ist ein Tempel des Heiligen Geistes.

Das gilt auch für unseren schwachen und müden Leib. Gerade er ist es wert, dass wir ihn achten und schätzen und liebevoll mit ihm umgehen und für ihn danken!

Das fällt nicht leicht, wenn die Knochen weh tun, wenn wir unzufrieden sind und schimpfen. Aber durch seinen Geist schenkt Gott uns jetzt, was wir brauchen: Liebe und Verständnis – für die müden Beine und die schwachen Augen und die schmerzenden Finger. Liebe und Verständnis für den ganzen Leib; auch Geduld, die wir brauchen, weil alles langsamer geht. Und dann kann ich auch mal Hilfe annehmen, weil es mir guttut!

Ich habe Geduld mit mir, ich sorge für mich, ich achte auf das, was mir wohltut. So lobe ich Gott mit meinem Leib. Überlegen wir mal und sammeln: Was tut uns gut?

Wann fühlen Sie sich wohl in ihrer Haut? *(Pause)*

Wenn sie draußen sind, in der Sonne, an der frischen Luft oder im Schatten der Bäume: „Da fühl ich mich pudelwohl!" Oder wenn es nach Leckerem duftet. Da bekommen wir Appetit und freuen uns auf gutes Essen. Wenn es mir dann schmeckt, dann geht es mir gut. Dann fühle ich mich wohl.

Oder *(Kissen zeigen)*, wenn das Bett frisch gemacht ist, wenn die Kissen frisch bezogen sind und ganz sauber duften. Das ist herrlich. Ich lege mich in ein frischgemachtes Bett und fühle mich pudelwohl!

Was tut noch gut? Sich räkeln und strecken *(vormachen)* tut gut. Seufzen tut gut *(vormachen)*.

Oder *(Fön zeigen)* ein Besuch beim Frisör. Sich schön anziehen *(einen Schal umlegen)*, einfach so. Sich eincremen, die Haut pflegen *(Nivea-Dose zeigen, öffnen und sich ein wenig eincremen)*. Hm, die Creme duftet auch. Das tut gut.

Ja, wir können es ruhig genießen, wenn uns jemand pflegt oder das Bett für uns frisch macht. Wir können das Schläfchen genießen, die Tasse Kaffee danach und dann ruhig noch mal die Beine hochlegen. Sich etwas Gutes tun ist wichtig.

Teresa von Avila hat zur Zeit von Martin Luther in Spanien gelebt. Sie war eine Ordensfrau, heute ist sie eine Heilige. Sie hat gesagt: „Tu deinem Leib etwas Gutes, dann hat die Seele Lust, darin zu wohnen."

„Wenn wir unserem Leib etwas Gutes tun, dann hat unsere Seele Lust darin zu wohnen", sagt Teresa von Avila. Wir fühlen uns dann wohl, wir fühlen Freude. Wir können danken und Gott loben. Darum: Tu deinem Leib Gutes. Mach das ruhig öfter! Immer wieder!

Das können wir tun, weil Pfingsten ist: das Fest des Heiligen Geistes. Denn Gott schenkt uns durch seinen Geist Liebe und Geduld – auch für uns selbst.

Wir dürfen Gott darum bitten, wenn die Schmerzen kommen, wenn wir müde sind und keine Kraft haben. Wir können Gott darum bitten, dass wir liebevoll und geduldig mit uns sind.

Vielleicht streicheln wir dann mal unsere Hände, oder unsere Beine oder unser Knie *(vormachen)* und bedanken uns bei unseren Händen und Füßen, die so viel für uns getan haben.

So loben wir Gott mit unserem Leib. Wir sind dankbar für unseren Leib, auch wenn er nicht mehr alles so tut, wie wir es wollen, auch wenn er müde ist. Wir gehen dann liebevoll mit uns um, wir haben Verständnis für unseren Leib, wir tun ihm Gutes und sagen: „Danke!"

Das ist es, was Gott uns schenken will. Wir sollen gerne in unserem Leib wohnen und ihm danken können.

Der Heilige Geist hilft uns: Er hilft uns fühlen, was guttut, was wir brauchen. Wir sind liebevoll mit uns, weil Gott uns liebt. Vielleicht hört dann das Schimpfen auf, das Hadern und die Unzufriedenheit.

Amen.

Lied: O Heilger Geist, kehr bei uns ein (EG 130, 1.4-5)

Salbung mit Musik:

Gottes Liebe ist wie Balsam, wie eine Salbe, die gut tut und tröstet. Darum möchte ich Sie jetzt segnen und salben. Ich habe hier ein wohlriechendes Öl. Damit werde ich zu Ihnen kommen. Und wenn Sie möchten, male ich Ihnen mit dem Öl ein Kreuzzeichen in die Hand und segne Sie.

Segensworte zur Salbung: Gott segnet dich. Er hat dich wunderbar gemacht

Gebet:

Wir danken dir, Gott,
für deinen Segen,
für deinen Zuspruch,
für deine Berührung.

Du weißt, wo es uns wehtut,
du kennst unseren Kummer.
Schenke uns durch deinen Geist Liebe und Geduld,
wenn wir Mühe haben im Alltag,
wenn die Schmerzen kommen.
Lass uns verständnisvoll sein mit uns selber,
und uns achten,
so wie du uns achtest und liebst

Hilf uns zu spüren, was wohltut und was wir brauchen.
Mach uns empfindsam für deine Güte,
für alles, was wärmt,
für alles, was tröstet
und Schmerzen lindert,
für alles, was uns erfrischt und erfreut,
unseren Tag hell macht
und uns tröstet in der Nacht.

Deine Güte beschenkt uns,
auch durch Menschen, die für uns da sind.
Lass uns dankbar sein und aufeinander achten.
Wir wollen dich loben mit unserem Leben
Amen.

Vaterunser

Lied: Brunn alles Heils, dich ehren wir (EG 140, 1-3.5)

Segen

Musik

5. Frisch gewaschen

Gottesdienst für einen Sommermorgen | 1. Mose 1,1-5

Impulse zum Erleben:

1. In der Predigt wird an verschiedene Morgenlieder (Volkslieder) erinnert. Die Person, die den Gottesdienst musikalisch begleitet, spielt die Lieder an.
2. Der/die Prediger:in taucht die Hände in eine vorbereitete Schüssel mit Wasser und wäscht sich dann mit den Händen das Gesicht. Anschließend wird das Gesicht abgetrocknet. Das geschieht mehrfach. Es wird im Text der Predigt jeweils durch das Stichwort *„waschen"* angezeigt.

Material:

- eine große, weite Schale, gefüllt mit Wasser
- ein Handtuch zum Abtrocknen

Mitgebsel:

Für jede:n ein Erfrischungstuch, dazu der Text „Nur für heute"

Ablauf

Musik

Begrüßung

Lied: Lobet den Herren alle, die ihn ehren (EG 447, 1.2.7)

Eröffnung

Psalm: Psalm 27, 1 (LUT)[15]

Gebet[16]***:***
Gott, zu dir rufe ich in der Frühe des Tages.
Hilf mir beten
und meine Gedanken sammeln zu dir.
In mir ist es finster, aber bei dir ist das Licht.
Ich bin einsam, aber du verlässt mich nicht.
Ich bin kleinmütig, aber bei dir ist der Friede.
In mir ist Bitterkeit, aber bei dir ist die Geduld.
ich verstehe deine Wege nicht,
aber du weißt den Weg für mich.
Amen.
(Dietrich Bonhoeffer)

Lesung: 1. Mose 1, 1-5 (LUT)

Glaubensbekenntnis

Lied: Himmel, Erde, Luft und Meer (EG 504, 1-3.6)

---

15 Eine schöne Alternative ist die Psalmübertragung zu Psalm 27 (EG 778, Ausgabe R-heinland/Westfalen/Lippe).
16 alternativ: Eingangsgebet zur Predigt „Ein Mensch wie eine Blume".

Predigt:
Liebe Gemeinde,
Am Anfang hat Gott das Licht gemacht. Das ist das erste, was Gott tut – wir lesen es, wenn wir die Bibel aufschlagen: Gott erschafft das Licht. Es wird hell, der erste Tag ist da, der erste Morgen! Und seitdem geschieht das immer wieder: Die lange, dunkle Nacht vergeht. Die Sonne geht auf. Es wird hell, jeden Morgen: Ein neuer Tag. Das ist wunderbar. Die Bibel sagt uns: Da erleben wir Gott. Gott tut das für uns – jeden Morgen.

Davon handelt ein Lied. Vielleicht kennen Sie es. Es beschreibt einen Sommermorgen und sagt: Das ist ja so schön wie am ersten Schöpfungstag.

(Lesung von EG 455, Str. 1, V. 1 f. Str. 2)

Kennen Sie das Lied? Was gibt es noch für Morgenlieder?
(Sammeln Sie Lieder, wenn möglich, singen Sie die Lieder an z.B.:
- *Jeden Morgen geht die Sonne auf*
- *Wachet auf, wachet auf, es krähte der Hahn, die Sonne betritt ihre goldene Bahn.*
- *Es tagt der Sonne Morgenstrahl*
- *Bruder Jakob, Bruder Jakob, schläfst du noch)*

Jetzt im Sommer wird es früh hell, das ist herrlich! Ich werde wach, mache die Augen auf. Es ist nicht mehr finster draußen! Sondern es dämmert schon ein wenig. Es ist sogar schon ein bisschen hell im Zimmer!

Es gibt ja Morgenmenschen. Die sind morgens gleich munter und kommen gut aus dem Bett. Andere – zu denen gehöre ich – sind Morgenmuffel: Die werden nur langsam wach. Alles geht langsam, sie brauchen immer noch ein Viertelstündchen. Und manchmal ist es ja im Bett auch so schön warm und gemütlich: „Oh, ich möchte noch nicht raus! Wie gut, ich kann mich noch einmal umdrehen ..."

Aber dann ist es doch Zeit, aufzustehen: Ich gehe also ins Bad zum Waschen, Zähneputzen, Anziehen. Dann geht es in die Küche. Da mache ich erst mal das Radio an. Und dann gibt es Frühstück: Eine schöne Tasse Kaffee. Das tut gut.

So sieht der Morgen bei mir aus. Wie ist es bei Ihnen? Wie fängt der Tag bei Ihnen an?

Klingelt bei Ihnen auch der Wecker? Nein! Die Zeiten sind endgültig vorbei! Sie können doch ausschlafen!

Wenn der Wecker nicht klingelt, hören Sie morgens vielleicht etwas anderes: Autos, die auf der Straße vorbeifahren. Menschen, die im Haus rumoren, auf dem Flur vorbeigehen, reden.

Oder das Fenster ist auf und sie hören morgens schon die Vögel zwitschern. Das ist für mich die schönste Art, wach zu werden.

Oder jemand kommt in ihr Zimmer und sagt: „Guten Morgen!“ Am besten jemand, der schon gute Laune hat und ein paar freundliche Worte für Sie. Vielleicht macht der freundliche Mensch die Vorhänge auf und lässt die Sonne herein.

Und dann, was passiert dann? Recken und strecken Sie sich zum Munter werden? *(Pause)* Oder machen Sie Frühgymnastik? *(Pause)*

Dann heißt es auch für Sie: ins Bad, zum Waschen, Zähneputzen und Anziehen. Vielleicht machen Sie das selbst. Oder es kommt jemand und hilft Ihnen. Gummistrümpfe anziehen – das ist ein Kraftakt am Morgen, da braucht man keine Frühgymnastik mehr. Dann gibt es auch für Sie Frühstück, eine schöne Tasse Kaffee und ein Brot oder ein Brötchen.

Es gibt Tage, da stehe ich morgens gerne auf. Ich bin ausgeschlafen, ich freue mich auf den Tag. Doch oft ist es auch anders. Ich wache auf und denke: „Oh je, schon wieder so ein Tag! Wieder die gleiche Mühe wie gestern, wieder dieses Einerlei und Arbeit.“ Die Sonne ist aufgegangen, aber in mir ist es noch finster.

Was kann einem denn schon morgens auf der Seele liegen? *(Pause)*

Der seltsame Traum aus der Nacht, der beunruhigt. Müdigkeit, weil Sie wieder mal nicht gut schlafen konnten. Oder der Tag von gestern hängt Ihnen noch: Der Besuch beim Arzt, das war nicht schön. Vielleicht auch der Ärger von gestern: Jemand hat Sie schlecht behandelt. Manchmal reicht schon die Aussicht auf die vielen Stunden, die kommen, viele Stunden allein. So ein Tag kann lang werden.

All das kann einem morgens schon auf der Seele liegen. Da reicht es nicht, wenn morgens die Sonne aufgeht. Da nutzt auch der Kaffee nicht viel. Es braucht ein Licht, das bis in die Seele leuchtet und die Sorgen vertreibt. Erst dann freuen wir uns auf den Tag und stehen gerne auf.

Im Psalm haben wir davon gehört: „Gott ist mein Licht und mein Heil!" (Psalm 27, 1). Das heißt: Gott hat ein Licht für uns, das uns von innen her aufhellt. Dieses Licht ist die Freundlichkeit Gottes, seine Gnade, seine Liebe und Fürsorge. Ein Morgenlied beschreibt es:

All Morgen ist ganz frisch und neu,
des Herren Gnad und große Treu;
sie hat kein End den langen Tag,
drauf jeder sich verlassen mag.
(EG 440, 1)

Das ist das Licht: Jeden Morgen ist Gottes Gnade frisch und neu und für mich da!

Was ist Gnade?

Gnade ist, wenn ein lieber Mensch uns morgens weckt und sagt: „Guten Morgen! Schön, dass du da bist. Schön, dass es dich gibt!" So schaut Gott auf uns an jedem Morgen. Gott freut sich über uns, auch wenn wir noch gar nichts gemacht haben, das ihn erfreuen könnte; auch wenn wir noch müde und knurrig sind; auch wenn wir noch voller finsterer Gedanken sind.

Da sagt Gott: „Guten Morgen, du mein lieber Mensch. Schön, dass du da bist. Ich habe dich nicht vergessen oder verlassen. Ich lasse dich nicht allein, auch wenn alles trüb und grau ist. Ich lasse dich nicht hängen in deiner Sorge. Ich bin heute da und helfe dir."

Das gilt jeden Morgen neu. Jeden Morgen ist Gottes Liebe frisch und neu und für uns da!

So wie das frische Wasser mit dem wir uns morgens waschen. *(waschen)*

Morgens waschen wir uns das Gesicht. Wir waschen uns die Müdigkeit aus den Augen, den Schlaf, die schlechten Träume, die Tränen. Das waschen wir morgens ab. Und wir dürfen uns morgens auch die Sorgen abwaschen und die dunklen Gedanken.

Es passieren viele kleine helle Sachen, aber ich bin noch blind dafür. Ich bin noch nicht wach. Meine Seele ist noch nicht wach. Meine Gedanken sind noch in der Nacht bei den Träumen und bei dem, was beunruhigt. Aber Gott in seiner Treue ist schon da und sorgt für mich. Er will mich erfrischen und meine Gedanken aufhellen.

Vielleicht muss ich mich noch mal erfrischen (*waschen – beim jedem der folgenden Stichworte nochmals Wasser nehmen):*
Sorgen abwaschen,
traurigen Gedanken,
Enttäuschung,
Tränen.

Jeden Morgen, wenn wir uns im Bad waschen, können wir daran denken: Gottes Gnade ist jeden Morgen frisch und neu und für uns da!

Ich brauche keinen riesengroßen Vorrat an Kraft und Mut und Zuversicht.

Wir haben selbst gar keinen so großen Vorrat an Kraft, dass wir alles selber schaffen können, sondern Gott ist es der uns das schenkt, jeden Morgen neu.

Ein kluger Mensch hat einmal gesagt:
Nur für heute will ich den Tag erleben.
Nur für heute werde ich keine Angst haben.
Nur für heute werde ich mich an allem freuen, was schön ist
und keine Angst haben.
Nur für heute werde ich mir keine Sorgen machen.
Nur für heute werde ich daran glauben,
dass Gott sich um mich kümmert
als gebe es sonst niemanden auf der Welt.
Nur für heute will ich mir vornehmen,
freundlich und dankbar zu sein,
nur für heute. Das genügt.[17]
Amen.

Lied: Die güldne Sonne voll Freud und Wonne (EG 449, 1.3-4)

Gebet:
Barmherziger Gott,
heute ist ein Tag, den du uns schenkst.
Öffne uns die Augen für deine Güte,
für den Sonnenschein,
die Wärme,
das erfrischende Lachen,
die Stille,
für deine vielen Barmherzigkeiten,
die uns durch den Tag helfen.

Wenn alles dunkel ist, trostlos und grau,
dann schenke uns helle, freundliche Gedanken.
Wenn wir träge sind, wecke uns auf.
Gib uns Kraft für mutige Schritte.

---

17 Frei nach den 10 Gebote der Gelassenheit von Papst Johannes XXIII.

Lass uns heute leben
in der Freude an dir
und im Vertrauen auf dich.

Unsere Sorgen geben wir in deine Hand.
Wir halten Ausschau nach deiner Hilfe,
denn wir wissen, du lässt uns nicht im Stich.
Amen

Lied: Nun danket all und bringet Ehr (EG 322, 1-5)

Segen

Musik und Verteilen der Mitgebsel

6. Ein Mensch wie eine Blume

Ein Gottesdienst im Altenheim für den Sommer oder Herbst | Psalm 103, 15-17; Matthäus 5, 26b.32

Material:

- große Fotos von verschiedenen, einzelnen Blumen im Format DIN A3
- ein bunter Strauß Blumen

Mitgebsel:

Jede:r darf sich zum Schluss eine Blume aus dem Blumenstrauß nehmen.

Ablauf

Musik

Begrüßung

Lied: Lobe den Herren (EG 316, 1.3-4)

Eröffnung

Psalm: Psalm 27, 1 (LUT)

Gebet
Wir danken dir, Gott, für diesen Tag.
Du hast uns geweckt, deine Sonne scheint für uns.
Wir können beieinander sein und Gottesdienst feiern.
Wir bitten dich:
Sei unter uns, wenn wir jetzt singen und beten.
Vertreibe die dunklen Gedanken,
die Angst und die Bitterkeit.
Wecke Freude in unseren Herzen,
Freude am Leben und Freude an dir.
Amen.

Lesung: Matthäus 5, 26b.32 (LUT)

Glaubensbekenntnis

Lied: Geh aus, mein Herz, uns suche Freud (EG 503, 1-2(3).8)

Predigt
Liebe Gemeinde,
Blumen sind einfach schön! Blumen machen Freude! Ich habe sie gerne auf der Fensterbank im Wohnzimmer und im Blumenkasten auf

dem Balkon. Schön ist es, wenn wir zum Geburtstag einen Blumenstrauß bekommen, wenn der Kaffeetisch mit Blumen geschmückt ist!

Blumen sind einfach eine Augenweide! Die herrlichen Farben, die zarten Blüten. Und manchmal duften sie auch, wie diese Nelken oder die Rosen. Jetzt im Sommer blühen besonders viele Blumen auch in den Vorgärten und Blumenkübeln. Daran hat auch Paul Gerhard gedacht, als er sein Sommerlied geschrieben hat: *„Geh aus, mein Herz, und suche Freud in dieser lieben Sommerszeit! ... Schau an der schönen Gärten Zier ...“* Dazu blühen die Blumen auch am Wegrand und auf den Wiesen. Wunderschön!

Welche Blumen mögen Sie besonders? Welche Blumen haben sie gerne gepflückt? Vielleicht denken Sie noch mal an ihren Garten. *(Pause)*

Blumen blühen das ganze Jahr hindurch! Wir Menschen freuen uns über Blumen. Und wir sind auch selbst wie Blumen.

In einem Psalm, einem Lied aus der Bibel heißt es: „Ein Mensch ist in seinem Leben wie Gras, er blüht wie eine Blume auf dem Felde; wenn der Wind darüber geht, so ist sie nimmer da, und ihre Stätte kennet sie nicht mehr. Die Gnade aber des HERRN währt von Ewigkeit zu Ewigkeit über denen, die ihn fürchten, und seine Gerechtigkeit auf Kindeskind (...).“ (Psalm 103, 15-17). Ein Mensch ist wie eine Blume! Dieser Gedanke ist schon vielen in den Sinn gekommen.

Manche Eltern geben ihren Kindern Blumennamen: Rosa, Iris, Erika, Lilian, Jasmin, das sind alles Namen von Blumen. So können Mädchen heißen. Oder Florian, der Blühende, so kann ein Junge heißen. Wie ist es, hat jemand von Ihnen einen Blumennamen? *(Pause)*

Ein Blumenname kann sagen: Du bist schön wie eine Blume. Du sollst wachsen und Blühen wie eine Blume. Oder auch: Ich freue mich über dich, wie über eine Blume.

Vielleicht kennen Sie folgenden Reim noch aus Ihrem Poesiealbum:

„Ich kenne eine Rose, die lacht mir immer zu,
die Rose, die ich meine, liebe N.N., das bist du!"

Oder:

„Das Veilchen am Bache,
das Röslein am Strauch
sind alle zwei herzig
und du bist es auch!"

Ja, wir Menschen sind wie Blumen. Die Bibel meint damit: Jede und jeder von uns ist ein Geschöpf Gottes und blüht auf seine oder ihre unverwechselbare Weise. Zum Beispiel wie die Rose: Ein Mensch kann blühen wie eine Rose: eine Rose, die sich gerne fein anzieht und gut duftet! Oder jemand ist wie ein Gänseblümchen: Es wächst unscheinbar im Gras, aber es blüht unverwüstlich von April bis November!

Es gibt Menschen, die blühen wie eine Sonnenblume: Sie strahlen einfach und verbreiten gute Laune.

Wie blühen Sie? Sind Sie ein fleißiges Lieschen, das unermüdlich tätig ist und gerade daran Freude hat? Oder sind sie eher ein wilder Enzian, der seine Freiheit liebt? Oder ein Vergissmeinnicht, das viel Aufmerksamkeit braucht und gerne beachtet werden will.

Unter uns Menschen gibt es auch die Distel oder den stacheligen Kaktus, der andere gerne auf Abstand hält. Aber die blühen auch sehr schön. Und sie sind sehr widerstandsfähig! Sie können überall blühen.

Vieleicht gehören Sie auch zu den Schneeglöckchen, die immer zu den ersten gehören!

Oder sind Sie eine Herbstaster, die erst im Alter so richtig aufblüht?

Ja, jeder und jede von uns ist einzigartig und schön wie eine Blume. Jeder von uns blüht auf unverwechselbare Weise. Miteinander sind wir eine bunte Blumenwiese! Und es ist wahr, was Richard Rothe einmal gesagt hat: „Wenn sie blüht, ist jede Blume schön." Dafür braucht eine Blume aber auch gute Bedingungen. Nicht jede Blume wächst an jedem Standtort: Die einen Lieben die Sonne, die andern den Schatten; die einen lieben es trocken, die andern brauchen regemäßig Wasser.

Auch wir brauchen einen guten Standort, um zu blühen. Wir brauchen einen Platz, an dem es uns gut geht, wo wir uns wohlfühlen, wo wir finden, was wir brauchen. Dann blühen wir auf!

Ich zum Beispiel blühe auf, wenn ich meine Kinder um mich habe, wenn sie mich besuchen! Meine Nachbarin blüht auf, wenn sie in ihrem Garten arbeitet. Da vergisst sie alle Sorgen. Meine Schwester blüht auf, wenn sie bei ihren Ziegen sein kann. Da ist sie glücklich. Mein Cousin blüht auf, wenn er mit dem Motorrad unterwegs ist! Meine Mutter blüht auf, wenn sie für ihre Lieben kochen kann und es ihnen schmeckt! Wie ist es bei Ihnen? Wann blühen sie auf? *(Pause)*

Manchmal braucht es nur wenig, damit wir aufblühen: einen lieben Menschen, der uns zuhört, uns anschaut und fragt: „Wie geht es dir? Erzähl doch mal!" Jemand, der uns in den Arm nimmt. Jemand der stehen bleibt und uns anlächelt. Oder einer, der sagt: „Können Sie mir vielleicht helfen? Ich muss gerade so viele Kartoffeln schälen." Oder: „Kommen Sie doch mit, probieren sie mal!" Schon blühen wir auf.

Das ist nicht selbstverständlich. Wir können nur staunen und danken, dass wir das immer wieder erleben. Wir kommen in die Freude und blühen auf, oft unter schwierigen Bedingungen.

Gott sorgt für uns, seine Geschöpfe. Das ist wahr. Er sorgt dafür, dass wir aufblühen können – auch heute, auch hier. Hier im Altenheim! Sie haben sich diesen Ort vielleicht nicht ausgesucht. Es war schwer, von Zuhause Abschied zu nehmen. Und doch höre ich es immer wieder und ich erlebe es auch: Das Altenheim ist für viele Menschen ein Platz zum Aufblühen! Es tut gut, unter Menschen zu sein. Es tut gut, regelmäßig zu essen und zu trinken! Es tut gut, bei den Angeboten dabei zu sein, mitzumachen. Es ist schön eine Aufgabe zu haben – hier bei anderen zu sein und aufeinander zu achten.

Wir Menschen sind wie Blumen, wir blühen an unserem Ort auf unsere eigene Weise. Freilich, Blumen sind auch zart und verletzlich. Wie schnell ist eine Blume geknickt, vom Wind umgeweht, vom Platzregen zerdrückt, von unbedachten Fußtritten zertreten, von Schnecken gefressen. Oder sie verwelken einfach: an einem Tag noch in voller Blüte – am nächsten Morgen verwelkt!

Auch das gilt für uns. Wir sind wie Blumen auch vergänglich. Wir verwelken: Wir werden alt, die Haut wird runzelig, die Haare werden grau, die Kräfte weniger. Die Beschwernisse und Krankheiten des Alters nehmen zu. Oh, es ist nicht leicht, das zu erleben! Erschrecken Sie auch manchmal darüber? „Was ist aus mir geworden?" Es tut weh, das zu sehen. Es macht traurig und manchmal auch Angst.

Unser Psalm beschreibt das mit ernüchternder Klarheit: „Ein Mensch ist in seinem Leben wie Gras, er blüht wie eine Blume auf dem Felde; wenn der Wind darüber geht, so ist sie nimmer da, und ihre Stätte kennet sie nicht mehr." Vergehen und Vergessen! Wir blühen an unserem Ort, und dann sind wir nicht mehr da und keiner kennt uns mehr! Wir sind unbekannt an dem Ort, wo wir geblüht haben!

Ja, darüber kann man nur erschrecken. Aber man kann auch staunen. Denn wenn es doch so ist, dass wir so vergänglich sind, dann ist es doch umso erstaunlicher, dass Gott sich trotzdem mit solcher Liebe um uns kümmert! Dass er uns blühen lässt, dass er für uns sorgt, Tag für Tag, bis ans Lebensende!

Genau das sagt unser Psalm: Die Gnade Gottes bleibt von Ewigkeit zu Ewigkeit über denen die ihn fürchten! Gottes Gnade bleibt! Was ist Gottes Gnade? Gottes Gnade, das ist seine Liebe und Fürsorge für uns. Und seine Freude an uns! Auch wenn wir alt werden, runzelig und grau und schwach; auch wenn wir vergehen und vergessen werden: Gottes Freude an uns bleibt. Die Liebe, die er für uns hat, bleibt und geht mit uns von Tag zu Tag bis ans Lebensende und darüber hinaus.

Das ist ein großes Glück! Es ist auch eine Hilfe gegen das Festhalten. Wir wollen ja nicht vergehen. Wir wollen nicht loslassen, was wir haben und hatten: unsere Schönheit, unsere Kraft, was wir alles konnten in jungen Jahren, auch unseren guten Namen. Ja, wir möchten doch so gerne alles festhalten und einen großen Namen behalten.

Gottes Gnade heißt: Wir brauchen nicht festhalten, weil wir doch gehalten und geliebt sind von Gott. Wir brauchen keinen großen Namen behalten, weil Gott unseren Namen kennt und uns bei unserem Namen nennt, jetzt in diesem Leben und darüber hinaus!

Darauf vertrauen wir. Darauf hoffen wir!

In den letzten Strophen seines Sommerliedes schreibt Paul Gerhardt etwas sehr Schönes. Er sagt: „Wenn Gott für uns sorgt, dann grünen wir an Leib und Seele – bis ins Alter. Wir bleiben grün und blühen auf in der Freude an Gott! Und nach diesem Leben wartet wieder ein Garten auf uns, der Paradiesgarten. Dort, in Gottes ewiger Welt, werden wir wieder blühen, auf unsere ganz eigene Weise, Gott zur Freude, zu seiner Ehre!"

Lassen Sie uns dieses Lied jetzt miteinander singen

Lied: Geh aus, mein Herz, und suche Freud (EG 503, 13-15)

Fürbitte
Lieber Vater im Himmel,
wir danken dir, dass wir heute leben,
so wie wir gestern und alle Tage gelebt haben
aus deiner Gnade.

Hab' Dank für jeden Blick der Güte,
für jede Umarmung, wenn wir schwach sind.
für jeden freundlichen Gedanken,
der uns erreicht, wenn wir Mühe haben mit dem Leben.

Hab' Dank für das, was wir noch tun können,
für die Lieder, die wir summen und singen,
für die Schritte, die wir tun,
für die Hilfe, die wir einander geben können.

Hab' Dank für unsere Eigenarten,
für unser Vorlieben,
für das, was uns einzigartig macht.
Wir dürfen blühen auf unsere Weise,
weil du uns liebst und haben willst.

Schenke uns einen liebevollen Blick auf unsere Mitmenschen,
damit wir Freude haben aneinander
und uns annehmen können, so wie wir sind.

Hilf uns auch loszulassen, was vergeht,
was wir nicht festhalten können.
Schenke uns Gewissheit, dass alles gut wird,
weil wir aufgehoben sind bei dir.
Dir vertrauen wir uns an.
Amen.

Lied: Großer Gott wir loben dich (EG 331, 1.10-11)

Musik und Verteilen der Mitgebsel

7. Im Vorgarten Gottes gepflanzt

Ein sommerlicher Gottesdienst im Garten eines Altenheims | Psalm 92,13-16

Impuls zum Erleben:
Imagination „Ich bin ein Baum“

Ablauf

Musik

Begrüßung

Lied: Lobe den Herren (EG 316, 1.2.4)

Eröffnung

Psalm: Psalm 92,2-3.5 (BB)

Gebet
Lieber Vater im Himmel,
wir danken dir für den neuen Tag.
Wir freuen uns am Licht,
an den Blumen, den Bäumen im Garten,
an den Menschen, die um uns sind.

Nicht immer können wir so danken.
Es gibt Tage, da wachen wir auf und haben keinen Mut.
Es fehlt uns die Kraft, um aufzustehen.
Die Sonne ist verdeckt von Wolken
und auch deine Güte und Liebe ist uns verborgen.

Herr, ob unser Herz heute leicht oder schwer ist, du weißt es.
Ob wir fröhlich sind oder traurig, du kennst uns und willst uns bei dir haben.
Darum bitten wir:
Lass uns deine Nähe spüren, wenn wir jetzt Gottesdienst feiern
Rühre uns an, wenn wir singen und beten.
Schenke uns ein gutes Wort, das uns tröstet und froh macht.
Amen.

Glaubensbekenntnis

Lied: Geh aus mein Herz (EG 503, 1-3)

Predigt
Liebe Gemeinde,
es ist Sommer geworden. Haben Sie sich schon einmal nach draußen gesetzt, ins Grüne?

Vielleicht auch unter einen der Bäume in den Schatten?

Ich habe einen Psalm gefunden, der sehr gut in die Sommerzeit passt, und der uns heute vielleicht auch beschenken kann. Ich lese uns aus Psalm 92, die Verse 13-16: „Der Gerechte wird grünen wie ein Palmbaum, er wird wachsen wie eine Zeder auf dem Libanon. Die gepflanzt sind im Hause des HERRN, werden in den Vorhöfen unsres Gottes grünen. Und wenn sie auch alt werden, werden sie dennoch blühen, fruchtbar und frisch sein, dass sie verkündigen, dass der HERR gerecht ist; er ist mein Fels und kein Unrecht ist an ihm."

Es ist ein festlicher Psalm. Der Beter sieht Menschen, die nach Jerusalem zum Tempel kommen und dort verweilen. Er sieht junge Menschen und alte – Männer, Frauen und Kinder. Der Beter sieht sie, wie sie beieinander sind. Er nimmt wahr, dass es ihnen gut geht im Haus Gottes. Sie leben auf! Dabei kommt ihm ein Gedanke. Er sagt: Diese Menschen hier grünen und blühen wie die Bäume im Vorhof des Tempels.

Das ist ein schönes Bild: Menschen, die im Vorhof Gottes grünen und blühen.

Der Vorhof Gottes, der Tempel. Das meint nicht nur ein Gebäude. Der Tempel, das Haus Gottes – das meint Gottes Nähe, die Gegenwart Gottes bei den Menschen.

In Gottes Nähe haben Menschen ihren Platz, sagt der Psalmbeter: Hier gehören sie hin. Hier sind sie gepflanzt. Hier können sie leben und aufleben. Die Menschen bekommen Zuspruch. Sie erfahren, dass sie geliebt und angenommen sind – auch wenn sie alt werden. Darum blühen sie. Sie blühen nicht, um eine Leistung zu erbringen, sondern sie blühen zur Freude für die Menschen und zur Freude Gottes.

So verkünden sie, wie gut Gott ist, einfach indem sie da sind.

Imagination*[18]*:
Stellen Sie sich einmal vor, sie wären so ein Baum im Vorgarten Gottes. (Pause)
Ich möchte Sie einladen, dass Sie sich das einmmal vorstellen:
Manche von Ihnen sitzen auf einem Stuhl, andere stehen.
Das kann so bleiben.
Wenn Sie möchten, schließen Sie die Augen.

Jetzt stellen sie sich vor, sie sind ein Baum.
Sie sind in den Boden gepflanzt.
Sie haben Wurzeln, die tief in die Erde reichen.
Sie sind fest verwurzelt in der Erde.
Jetzt fühlen Sie einmal zum Boden hin.
Fühlen Sie einmal hinunter zu Ihren Füßen.
Fühlen sie, wie Ihre Füße auf dem Boden aufliegen, wie sie Kontakt haben zum Boden.
Jetzt fühlen Sie über Ihre Füße in die Erde hinein.
So sind Sie da: ein Baum gepflanzt und verwurzelt in der Erde.
Und jetzt stellen Sie sich vor: Sie breiten ihre Äste aus.
An Ihren Ästen sind viele Zweige und Blätter.
Die Sonne scheint von oben. Sie bekommen Licht.
Regen fällt. Sie bekommen Wasser, das Ihre Wurzeln aufnehmen.

18 Bitte beachten Sie hierzu die Hinweise in der Einleitung S. 21-25.

Sie werden versorgt.
An Ihren Zweigen sind auch Früchte.
Sie sind gewachsen und reif geworden.
Manche Früchte fallen auf die Erde.

Wie ist es, so ein Baum zu sein?
In der Erde verwurzelt,
versorgt mit Licht und Wasser,
mit grünen Blättern,
mit Früchten.
Was empfinden Sie dabei? Was für ein Gefühl ist jetzt da?

Wenn sie mögen, öffnen Sie die Augen wieder. Und bleiben sie noch ein wenig bei ihrem Gefühl als Baum.

So ist es mit uns Menschen, sagt die Bibel. Wie Bäume sind auch wir Geschöpfe Gottes. Wir stehen da – für uns und für andere. Wir sind gepflanzt in dieser Welt, die Gottes Haus ist. Und wir haben unseren Sinn an dem Ort, wo wir wachsen. Und so wie wir gewachsen sind, sind wir gewollt und geliebt. Wir stehen da zur Freude Gottes, wir grünen und bringen unsere Früchte.

Bäume müssen nichts tun, um zu wachsen und sich zu entfalten. Sie brauchen nichts zu tun, nur ihre Wurzeln und Äste ausstrecken. So kriegen sie, was sie brauchen. So sind sie angelegt. Das ist so – und das bleibt so – auch wenn Bäume alt werden. Und das gilt auch für uns Menschen: Auch wenn wir nicht mehr jung und frisch sind, wir bekommen, was wir brauchen. Einfach weil wir es brauchen, weil wir in Gottes Garten gepflanzt sind.

Wir sind auch nicht allein in diesem Baumgarten. Zarte Schösslinge gibt es hier, die gerade erst gekeimt haben und aufgegangen sind. Und junge Bäume, die neben alten, vielleicht schon knorrigen Bäumen stehen.

Und gerade diese alten Bäume sind in einem Baumgarten wichtig: Die alten Bäume sind gewachsen und stark geworden in den Stürmen des Lebens. Sie haben vielem Stand gehalten. Sie haben ihre Frucht gebracht. Sie geben den jungen, zarten Bäumen Schutz und Halt. Und wenn die alten Bäume dann einmal gestützt werden müssen, dann wird das auch gemacht. Das nimmt den Bäumen nicht ihren Wert. Im Gegenteil: Die alten Bäume erfahren so, dass es Liebe und Zuwendung gibt in der Welt; Mitgefühl, Achtung und Liebe, die Gott den Menschen ins Herz gibt.

Wenn wir das so hören, liebe Gemeinde, könnte dann nicht auch dieses Haus hier, das Seniorenheim ein Vorgarten Gottes sein? Ein Ort, wo man nicht ewig jung und fit bleiben muss, sondern alt werden darf? Jeder und jede auf seine Weise? Und wo man in all den Veränderungen, die das mit sich bringt, die oft auch schmerzlich sind, angenommen ist? Wo man Hilfe und Begleitung findet – und so gut das in einem Heim geht, ein Zuhause?

So ist es im Haus Gottes, in Gottes Vorgarten. Wir Menschen sind gepflanzt, um miteinander zu wachsen und zu reifen: Die einen Bäume haben die Aufgabe, zu stützen. Die anderen werden geschützt. Sie können sich darauf verlassen. Das drückt sich aus in der Gemeinschaft, in der wir leben: hier, wo Menschen sich kümmern in der täglichen Pflege, oder ein Zimmernachbar den anderen besucht, und eine die andere stützt oder begleitet. Auch Ehrenamtliche sind da, die Besuche machen und mithelfen und so dazu gehören.

Gott, der uns gepflanzt hat, hat Freude an diesem Garten, an uns, seinen Menschen: Er hat Freude an denen, die gestützt werden und genauso an denen, die stützen.

Ein Haus, jedes Haus kann ein Vorgarten Gottes sein, überall, wo wir uns für Gottes Nähe öffnen. Überall, wo wir Gottes Barmherzigkeit und Liebe einen Ort geben, und sie zulassen: Barmherzigkeit in unseren eigenen Herzen und in den alltäglichen Abläufen; dort, wo wir gestützt werden und stützen. Wenn wir etwas geschenkt bekommen und anderen etwas schenken: eine kleine Hilfe, ein Lachen, Nähe und Dabeisein.

Manchmal sind natürlich auch Engpässe da. Es gibt Schwierigkeiten, die wir bewältigen müssen. Es läuft nicht so, wie wir es gedacht haben und uns wünschen. Bäume stehen manchmal im Wind oder im Sturm und erleben Trockenheit. Und wir erleben das auch, wenn der Alltag schwierig ist, wenn wir einsam sind, und wenn uns Krankheit schwächt. In solchen Zeiten spüren wir unsere Bedürftigkeit. Wir merken, dass wir auf jemanden angewiesen sind. Und dann ist es gut, sich zu erinnern, wo wir gepflanzt sind: Nicht in einer Wüste, nicht im leeren Weltraum, sondern im Haus Gottes, in seinem Vorhof, in seiner Nähe.

Hier bei Gott haben wir unseren Platz. Hier sind wir willkommen. Auch im Wind und im Sturm und in der Trockenheit gilt: Wir sind geliebt, gewollt und angenommen. Wir können Gott unseren Kummer sagen. Wir können ihn bitten um das, was wir brauchen. Wir können unsere Wurzeln zu Gott hinausstrecken und uns von ihm lieben lassen.

Und im Vorgarten Gottes kann sogar noch etwas aufblühen, sagt der Psalm. Auch wenn wir alt sind – es kann noch etwas blühen und aufblühen. Zum Beispiel Freude an kleinen Dingen, Freude an dem, was noch geht, Aufmerksamkeit füreinander. Die Bereitschaft, sich beschenken zu lassen, kann aufblühen. Der Mut, um Hilfe zu bitten, die Erfahrung, dass es Trost gibt. Auch Tränen dürfen kommen und fließen. Selbst wenn sie lange zurückgehalten wurden, jetzt können sie fließen und Schmerz und Trauer lindern.

So ist es im Vorgarten Gottes. Uns wird die Fürsorge und Liebe Gottes zugesagt. Wir können leben und aufleben. Freuen wir uns daran!

(Abschließende Lesung von Psalm 92, 14-15)

Amen.

Lied: Geh aus, mein Herz, und suche Freud (EG 503, 8.14-15)

Dank und Fürbitte

Fürsorgender Gott,
wir danken dir, dass wir in deinem Vorhof gepflanzt sind
und unter deiner Fürsorge leben und aufleben können,
auch wenn wir alt werden.

Wir danken dir für dieses Haus,
für die Pflegekräfte, die sich um uns kümmern
in täglicher Handreichung.
Wir danken dir für ihre Menschlichkeit,
für ihre Tatkraft und ihren Beistand.
Wir danken dir für jede liebevolle Hand, die uns berührt,
jeden verständnisvollen, warmen Blick, der uns tröstet.
Gib, dass ein gutes Miteinander im Haus wächst und gedeiht
unter denen, die hier wohnen und arbeiten
und sich ehrenamtlich kümmern.

Wir bitten dich für die Menschen, die einsam sind,
denen es schwer fällt, um Hilfe zu bitten.
für die, die sich unnütz vorkommen.
Gott, in deinem Vorgarten ist Platz für uns alle.
Öffne uns die Augen dafür.
Zeige uns, dass wir einander brauchen und bereichern.
Lass uns blühen.
Erfülle uns mit deinem Geist.
Nähre uns mit Liebe, die du schenkst.
Amen.

Vaterunser

Lied: Großer Gott, wir loben dich (EG 331, 1.5.9)

Segen

Musik

8. Du krönst mich

Ein Gottesdienst anlässlich royaler Ereignisse[19] | Psalm 103, 1-4

Impuls zum Erleben:
Die Gottesdienstteilnehmer setzen sich „königlich" (aufgerichtet) hin und stellen sich vor, sie tragen eine Krone.

Material
- ein Foto vom Krönungstag der Königin und ein Foto von ihr, das sie in fortgeschrittenem Alter zeigt, ohne Krone aber mit lachendem Gesicht
- eine selbstgebastelte Krone aus Fotokarton, wie sie Kinder im Kindergarten zum Geburtstag bekommen[20]

Gestaltungsvariante
Es bietet sich an, die Anwesenden nach der Predigt persönlich zu segnen und so, durch die über dem Kopf gehaltenen Hände die „Krönung" erfahrbar zu machen.

---

19 In diesem Fall war das 70. Kronjubiläum der britischen Königin Elisabeth II. der Anlass und Themengeber für den Gottesdienst. Er kann aber leicht auf andere „royale" Ereignisse umgemünzt werden, die ja immer wieder vorkommen und Interesse finden.
20 Alternativ bietet sich auch eine Kostüm- oder Spielzeugkrone an. Dann sollte das Beispiel in der Predigt entsprechend angepasst werden: Kinder spielen, dass sie Königin oder König sind.

Mitgebsel:
Eine Karte in Postkartengröße, auf deren unterer Hälfte steht: „Gott krönt dich mit Gnade und Barmherzigkeit“. Die obere Hälfte der Karte ist als Krone gestaltet.[21]

Ablauf

Musik

Begrüßung

Lied: Nun danket all und bringet Ehr (EG 322, 1-5)

Eröffnung

Psalm: Psalm 8, 4-6 (LUT)

Gebet
Du, unser Gott,
wenn ich deine Schöpfung sehe,
den weiten Himmel, die schöne Natur,
dann staune ich und wundere mich.
Hast du auch mich geschaffen im Leib meiner Mutter?
Hast du mich gewollt und ins Leben gerufen?
Ich kann es nicht ergründen.
Ich bitte dich:
Zeige mir, was ich dir wert bin,
Sprich mit mir, damit ich deine Nähe spüre
und dich mit fröhlichem Mund loben kann.
Amen.

---

21 Eine Druckvorlage und Bastelanleitung ist im Download-Bereich zu finden.

Lesung: Psalm 103, 1-4 (LUT)

Glaubensbekenntnis

Lied: Ach bleib mit deiner Gnade (EG 347, 1-4)

Predigt

Liebe Gemeinde,
ich habe ein Bild mitgebracht. Erkennen Sie, wer zu sehen ist? Königin Elisabeth II. am Tag ihrer Krönung; eine strahlend schöne, junge Frau! Sie trägt die kostbare Krone, einen Purpurmantel mit Hermelin und lächelt uns glücklich zu.

Und hier ist noch ein anderes Bild, viele Jahre später aufgenommen. Elisabeth ist älter geworden, sie hat silbergraues Haar und Falten um die Augen. Aber auch hier lächelt sie.

Im Frühjahr 2022 hat Elisabeth II. ihr 70. Thronjubiläum gefeiert. Es gab Paraden, Konzerte und Feuerwerk. Von morgens bis abends wurde im Fernsehen darüber berichtet. Immer wieder wurden Bilder gezeigt von der Queen. Menschen auf der ganzen Welt feierten und bejubelten sie. Und als sie wenige Monate später verstorben ist, war es ähnlich: Die ganze Welt hat Anteil genommen.

Wie kommt das?

Wer eine Kröne trägt, ist ein königlicher Mensch. Wer eine Krone trägt, hat eine besondere Würde. Wer eine Krone trägt, wird besonders geachtet und geehrt. Oft geht ein Glanz von diesem Menschen aus, eine Ausstrahlung, die uns bezaubert und anzieht. Wenn sich die Königsfamilie auf dem Balkon zeigt, möchte man dabei sein, es sehen und erleben. Und auf diese Weise auch ein wenig an dem Glanz teilhaben.

Wie ist es mit uns?

Haben auch Sie sich schon einmal wie ein König oder wie eine Königin gefühlt? Vielleicht bei ihrer Hochzeit. Da waren Sie im Mittelpunkt. Viele haben sich mit Ihnen gefreut. Oder bei einem Jubiläum, als Sie für viele Jahre Mitarbeit geehrt wurden? Oder an einem runden Geburtstag als der Bürgermeister Ihnen höchstpersönlich gratuliert hat?

Es ist etwas ganz Besonderes, wenn auch wir so geehrt werden, wenn uns jemand ansieht und würdigt. Ich fühle mich dann wichtig und wertvoll. Und ich setze mich gleich ein bisschen gerader auf den Stuhl. Ich richte mich auch innerlich auf. „Ich bin wer!", denke ich.

Ich möchte sie einladen: Machen Sie das doch mal, jetzt und hier im Gottesdienst. Setzten Sie sich so hin, wie eine Königin, wie die Queen. Und jetzt spüren sie, wie das ist. Wie fühlt es sich an, so dazusitzen, wie ein König, eine Königin? *(Pause)*

Viele Kinder haben noch oft dieses Gefühl, etwas Besonderes zu sein. Sie haben dieses Gefühl, weil ihre Eltern ihnen sagen, dass sie geliebt und kostbar sind. Und dieses Gefühl strahlen sie aus. Am Geburtstag bekommen Kinder im Kindergarten eine Krone geschenkt. Die ist aus buntem Karton und selbst gebastelt. *(Die Krone zeigen und aufsetzen)*

Kinder tragen diese Krone voller Stolz und Freude und ganz selbstverständlich. Sie sagen damit: „Seht, da bin ich! Aufrecht und glücklich in der Welt!"[22]

Damit haben die Kinder recht! Denn von Gott her ist jeder ein königlicher Mensch. Jeder ist von Gott gewollt und geliebt. Jeder und jede trägt eine Krone! Jeder hat eine Würde. Darüber freut sich der Beter in dem Psalm, den wir vorhin hörten. Er singt: „Lobe den Herrn meine Seele, alles was in mir ist, soll sich über Gott freuen. Vergiss nicht, was er dir alles Gutes tut. Er tut dir viel Gutes. Er krönt dich mit Gnade und Barmherzigkeit" (Psalm 103, 1-4).

---

22 Alternative mit Kostümkrone: Sie verkleiden sich gerne als Prinzessin, sezten sich eine Krone auf und tragen Sie voller Stolz und Freude. Und ganz selbstverständlich. Sie sagen damit: „Seht, da bin ich! Aufrecht und glücklich in der Welt!"

Gott krönt dich mit Gnade und Barmherzigkeit. Das heißt: Freu dich, du bekommst eine Krone von Gott. Ihre kostbaren Juwelen heißen nicht Diamant und Smaragd. Die kostbaren Juwelen dieser Krone heißen Gnade und Barmherzigkeit. Was ist das denn, Gnade? Gnade heißt: Du wirst beschenkt, ohne dass du etwas dafür tun musst. Du wirst beschenkt mit Liebe, und musst nichts dafür tun. Du musst nichts tun, um angenommen zu sein. Du bist es schon, du bist von Gott geliebt und angenommen. Und was ist Barmherzigkeit? Dieses Juwel meint: Gott schenkt dir Zuwendung und Fürsorge. Er kümmert sich um dich, weil du ihm wichtig bist.

Aber wer sagt das hier eigentlich? Unser Psalm ist ein Gespräch, das ein Mensch mit sich selbst führt, mit seiner Seele. Kennen Sie das? Sprechen Sie manchmal auch mit sich selbst? Der Beter des Psalms sagt zu sich: „Ich wollte dir nur mal sagen, was wichtig für dich ist: Vergiss nicht, was Gott dir Gutes getan hat. Denk dran, dass er sich um dich kümmert. Er schenkt dir immer wieder Zuwendung und Liebe. Er krönt dich mit Gnade und Barmherzigkeit."

Wunderbar ist es, wenn ein Mensch das weiß und zu sich zu sagen kann: „Ich trage eine Krone. Gott krönt mich mit Gnade und Barmherzigkeit." Das ist eine unvergängliche Zuneigung und Wertschätzung, die es nirgendwo sonst gibt. Alle bekommen sie: auch die, die sich nicht gut finden; auch die, die sich nicht annehmen können; auch die, die an ihrer Kostbarkeit zweifeln, die in ihrer Würde verletzt worden sind.

Schon Kinder erleben das: Sie werden übersehen. Sie werden übergangen. Sie werden ausgelacht. Wenn Kinder in die Schule kommen, werden sie bewertet und beurteilt. Der Junge, der gerne Sport treibt, kommt vom Schulsporttag nach Hause und sagt: Jetzt weiß ich, wie schlecht ich bin. Manchmal erzählen mir Menschen auch, wie sie in ihrer Jugend behandelt worden sind. Sie waren damals Flüchtlinge, die nichts hatten. Sie waren die Fremden im Dorf, die keiner wollte. Das hat man sie spüren lassen. Und das war sehr verletzend. Das hat an der Würde gekratzt.

Und wie ist es jetzt mit dem Altwerden? Wenn die Kräfte weniger werden, wenn wir nicht mehr so viel leisten können, wenn unsere Schönheit vergeht, wenn die Haut runzelig wird und das Haar dünn? Wenn sich niemand mehr nach uns umdreht? Haben wir dann immer noch eine Krone? Sind wir ich dann immer noch kostbar? Sind wir es wert, geachtet zu werden?

In so einem Moment des Zweifels hält der Psalmbeter mutig dagegen und sagt: „Liebe Seele, vergiss deinen Gott nicht. Denk dran, ER krönt dich mit Gnade und Barmherzigkeit."

„Gott krönt mich mit Gnade." Jeder kann so von sich denken. Jeder darf das sagen. „Gott krönt mich", das bedeutet: Ich bin wertvoll, auch wenn ich vieles an mir entdecke, das mich entmutigt und bekümmert. Ich bin wertvoll, auch wenn ich nichts vorweisen kann, das mir Beachtung und Anerkennung einbringt. Ich bin wertvoll, auch wenn meine Kräfte gering sind und ich mir wenig zutraue. Ich bin wertvoll, auch wenn es Menschen gibt, die mich übersehen und ablehnen. Ich bin wertvoll, weil Gott mich sieht, und sich um uns kümmert.

Gott tut uns viel Gutes, auch in unserem Alltag, oft in kleinen Dingen. Im täglichen Brot, das uns stärkt, das wir genießen; in der täglichen Freude, in den Menschen, die für uns da sind.

Vergessen wir das? Oder denken wir dran? Wenn jemand Sie anlächelt und etwas Freundliches zu Ihnen sagt, dann tut Gott Ihnen Gutes. Wenn Ihnen jemand etwas zutraut und sagt: „Kommen Sie doch mit! Das können Sie auch." Dann tut Gott Ihnen Gutes. Wenn Sie Hilfe bekommen und bewahrt werden, dann tut Gott Ihnen Gutes. Achten Sie einmal darauf, wie Ihr Tag gekrönt wird von der Liebe und Fürsorge Gottes; und wie Sie sich unter dieser Zuwendung und Fürsorge aufrichten können!

Wollen Sie es noch mal probieren mit dem Aufrichten? Vielleicht möchten Sie es noch einmal versuchen. Setzen Sie sich noch einmal ganz königlich hin. Und sagen Sie dann im Stillen zu sich selbst: „Ich trage eine Krone!" *(Pause)*

„Gott krönt dich mit Gnade und mit Barmherzigkeit." Das ist Gottes Zusage für uns. Und Gottes Zusage ist verlässlich – viel verlässlicher und beständiger als das, was wir fühlen. Darum ist Gottes Gnade unser Schmuck. Nicht das, was wir selbst von uns halten oder was ein anderer Mensch von uns denkt. Sondern was wir in Gottes Augen sind, das ist unser Schmuck, unsere Krone. Wir können uns immer wieder daran erinnern: Wir sind kostbar und wertvoll. Denn wir sind geliebt und angenommen. Wir werden beschenkt mit Liebe von Gott, in den Höhen und in den Tiefen und auch am Ende unseres Lebens.
Amen.

Lied: Lobe den Herren (EG 316, 1.4.5)

Dank und Fürbitte:
Gott, ich danke dir, dass ich dein Mensch bin,
von dir gewollt, von dir geliebt.
Du fragst nicht nach dem, was ich leiste.
Du gibst mir, was ich brauche.
Deine Liebe und Zuwendung schmücken mich.
Sie sind meine Krone und geben mir Würde.
Ich bitte dich: Verankere dieses Wissen ganz tief in mir.
Verankere es in meinen Gedanken, in meinem Herzen,
in meinem Leib.
Ich danke dir für die Menschen, die mich deine Liebe spüren lassen,
die mich achten und mir zeigen, dass sie an mich denken.

Wir bitten dich für alle, denen diese Fürsorge fehlt,
die niedergeschlagen sind,
die sich wertlos fühlen und allein.
Wir bitten dich für die, die Schmerzen haben,
denen du fremd geworden bist unter dem, was sie erleiden müssen.
Suche sie auf, sende ihnen Beistand und Trost.

Wir bitten dich für die Kinder, die Liebe und Zuspruch brauchen.
Wir bitten dich für die Flüchtenden,
für alle, die keinen Frieden haben und nicht geschützt sind.
Lass sie nicht im Stich.

Gott, du vergisst keinen.
Ich will mich aufrichten unter deinem Zuspruch und dich loben!
Amen.

Vaterunser

Lied: Brunn allen Heils, dich ehren wir (EG 140, 1.3.5)

Segen

Musik

9. Jung werden wie ein Adler

Ein sommerlicher Gottesdienst im Freien | 5. Mose 32,1.11; Psalm 103,1-5; Psalm 63,8

Impuls zum Erleben:
Wahrnehmungsübung, bei der die Arme wie Flügel ausgebreitet werden.

Material:
- ein Liedblatt, auf dem zusätzlich zu den Liedtexten das Bild eines fliegenden Adlers abgedruckt ist
- eine Geschichte als Teil der Predigt

Ablauf

Musik

Begrüßung

Lied: Geh aus mein Herz und suche Freud (EG 503, 1-3.8)

Eröffnung

Psalm: Psalm 103, 1-5 (LUT)

Gebet
Gott,
wir danken dir für diesen Tag
und für diese Stunde, in der wir Gottesdienst feiern!
Du versammelst uns bei dir! Das tut uns gut!
Wir möchten zur Ruhe kommen und neue Kraft schöpfen.
Wir möchten Gemeinschaft erleben und Freude!
Wir möchten von dir hören,
erfahren wer du bist
und wie du unser Leben berührst.
Darum komm in unsere Mitte, wenn wir singen und beten.
Öffne uns für dein Wort.
Und nimm dich unserer an,
mit allem, was uns bewegt.
Amen.

Einleitung zur Lesung
Mose steht am Ende seines langen Lebens und schaut zurück. Er erinnert an das, was war, was zählt und was bleibt. Und wir hören heute mit.

Lesung: nach 5. Mose 32,1.11-12
Merket auf ihr Himmel, denn ich will reden!
Die Erde höre die Worte meines Mundes:
Wie ein Adler seine Jungen zum Flug ausführt und über ihnen schwebt, so breitete Gott seine Flügel aus, nahm sein Volk und trug es auf seinen Fittichen.
Er allein, der Herr, leitet sie.

Glaubensbekenntnis

Lied: Lobe den Herren (EG 316, 1-3)

Predigt
Liebe Gemeinde,

wieder jung werden wie ein Adler, das wär's doch! In voller Kraft, mit ausgebreiteten Schwingen durch die Lüfte ziehen! Wo würden Sie dahinfliegen wollen? *(Pause)*

Der Psalm, den wir vorhin gebetet haben, stellt uns das in Aussicht: „... der deinen Mund fröhlich macht und du wieder jung wirst wie ein Adler" (Psalm 103, 5). Das wird von Gott gesagt: Gott macht dich fröhlich. Gott macht, dass du wieder jung wirst wie ein Adler.

Hören wir mal, was ein junger Adler erlebt! Ich erzähle dazu eine Geschichte:

Martin darf seinen Vater auf eine Bergwanderung begleiten. Er freut sich sehr darauf, denn der Vater hatte ihm erzählt: „Ganz oben auf dem Berg ist ein herrlicher Aussichtspunkt! Da können wir bei gutem Wetter ringsum die Berge sehen. Und man kann von dort oben auch auf ein Adlernest schauen, auf einen Adlerhorst. Wenn wir Glück haben, dann können wir die Adler und ihre Jungen beobachten!"

Früh am Morgen wandern die beiden los. Und um die Mittagszeit haben sie ihr Ziel erreicht.

Sie sind oben auf dem Berg. Martin hat schon das Adlernest entdeckt. Sie suchen sich einen Rastplatz – so, dass sie das Nest gut beobachten kön-

nen. Noch ist alles ganz still. Die Jungen im Nest schlafen offenbar. Und die Alten sind auf Nahrungssuche.

Auch Martin und sein Vater packen ihren Proviant aus dem Rucksack, packen ihn aus und beißen hinein. Und sie warten, dass sich etwas tut am Nest! „Da!", jetzt sieht Martin zuerst den großen Adler! Mit weit ausgebreiteten Schwingen schwebt er heran und zieht seine Kreise um das Nest. Da strecken die Jungen im Nest ihre Köpfe und Hälse in die Höhe. Sie sperren ihre Schnäbel weit auf! Sie wissen, es gibt Futter! Der Altvogel lässt sich auf dem Nestrand nieder. Er würgt die mitgebrachte Beute aus seinem Kehlsack und füttert die Jungen. Die legen sich dann wieder satt und zufrieden ins Nest.

Aber was passiert jetzt? Der große Adler zerrt die Jungen an den Rand des Nestes und schubst sie eins nach den andern aus dem Nest heraus! „Hey wie gemein!", schreit Martin, „Guck mal, die fallen ja alle in die Tiefe!" „Ja", sagt der Vater, „aber schau doch genau hin, was jetzt passiert!" Martin sieht, dass die jungen Vögel im Fallen ihre Flügel öffnen und fliegen. Sie lernen Fliegen! Und der große Adler, der sie aus dem Nest geschubst hat? Der fliegt über den Jungen und beobachtet ihren Flug ganz genau. Und auf einmal kommt er herunter und gleitet mit ausgebreiteten Schwingen unter die Jungen! Und eines nach dem anderen lässt sich auf den Flügeln des großen Adlers nieder!

„Ah" ruft Martin ganz erstaunt, „das ist toll! Die Jungen können auf den Flügeln des großen Adlers landen wie auf einem Flugzeugträger". „Ja", sagt der Vater, „die lassen sich tragen, wenn sie keine Kraft mehr haben!"

Martin und sein Vater beobachten die Adler noch eine ganze Weile. Dann machen sie sich wieder auf den Rückweg ins Tal.

Ja, liebe Gemeinde, so ist das mit jungen Adlern: Sie lernen Fliegen! Zuerst werden sie dabei recht unsanft aus dem Nest geworfen. Und dann merken Sie: Ich hab' ja Flügel! Die breite ich aus, dann fliege ich und stürze nicht ab. Und wenn ich nicht mehr kann, wenn ich müde bin, dann kommt der große Adler und trägt mich auf seinen Flügeln!

Wenn wir wieder jung werden wie Adler, dann machen wir die gleichen Entdeckungen. Die erste Entdeckung: „Ich habe Flügel". Und die zweite: „Ich werde getragen".

Wissen Sie, dass Sie Flügel haben? Haben Sie schon gemerkt, dass Sie Flügel haben? *(Pause)* Der Dichter, Josef von Eichendorf spricht davon. Er sagt: „Und meine Seele spannte weit ihre Flügel aus, flog durch die stillen Lande, als flöge sie nach Haus!“[23] Vielleicht kennen Sie diese Zeilen. Der Dichter sagt: Meine Seele hat Flügel und kann sie ausspannen! Was bedeutet das?

Wahrnehmungsübung

Probieren wir doch einmal, wie es ist, wenn wir unsere Arme ausbreiten wie Flügel.

Ich breite meine Arme aus! (Vormachen)

Machen Sie das auch einmal. Schauen Sie, ob sie Platz dafür finden. Breiten Sie ihre Arme so weit aus, wie es geht. Wenn Sie es nicht können, dann schauen Sie einfach mich an und stellen Sie sich vor, wie Sie die Arme ausbreiten. Und jetzt spüren Sie mal, was dabei geschieht: Wie ist das für Sie, wenn Sie Ihre Arme ausbreiten? Was für ein Gefühl ist jetzt da? (Zeit lassen)

Gibt es ein Wort oder einen Satz, der Ihnen in den Sinn kommt? (Pause)

Vielleicht: „Es ist schön!“, „Ich bin frei“, „Ich bin glücklich“ oder einfach nur „Freude“ oder „Leben“. So kann unsere Seele die Flügel ausspannen! Wir öffnen uns und spüren dabei eine ganz neue Kraft! Wir spüren, dass wir leben und wie schön das ist. (Arme wieder herunter)

In unserem Psalm heißt es dazu: „Lobe den Herrn, meine Seele“ (Psalm 103, 1). Das heißt: Seele, komm und öffne dich! Spann mal deine Flügel aus! Spüre einmal, dass du lebst! Nimm wahr, was dir

23 Joseph Freiherr von Eichendorff: Mondnacht.

Gutes geschenkt ist! Merkst du nicht, dass Gott, „dich erhält, wie es dir selber gefällt. Hast du nicht dieses verspüret?“ (EG 316,2).

Was können wir heute spüren von Gottes Güte? *(Pause)*

Der Garten hier und die Gemeinschaft, die wir erleben – die sind für uns da! Wir können uns dafür öffnen und spüren: Gott tut mir Gutes! Wenn wir das tun, wenn wir uns für Gutes öffnen, das uns umgibt, öffnen, dann kommt eine ganz neue Kraft in unser Leben. Wir werden erfüllt mit Freude, mit Staunen und Dank! Und das beflügelt uns. Es hilft uns. Es kann uns auch über Abgründe und Tiefen tragen.

Und Abgründe, Tiefen, die sind ja da! Wir fühlen uns, wie aus dem Nest geworfen – durch Krankheit, Schmerzen, Einsamkeit, durch Verluste, die wir erleben! Das Altwerden bringt reichlich davon mit sich! Aber auch junge Menschen erleben das und Menschen, die schon viel geschafft und bewältigt haben. Auch vor denen tut sich manchmal ein Abgrund auf. Das macht Angst. Das zieht einen ganz schön nach unten!

Wenn wir jetzt wissen, dass unsere Seele Flügel hat, sind wir gut dran. Wir breiten unsere Seelenflügel aus und bekommen Kraft im Spüren, Staunen und Dankbarsein. Und dann fliegen wir über den Abgrund! Die Angst hat jetzt nicht mehr so viel Macht und kann uns nicht mehr so wie vorher nach unten ziehen! Das Gute spüren: Den Sommer, der wohltut, den Garten hier, in dem wir Gottesdienst feiern, singen, Gemeinschaft erleben.

Auch sonst im Alltag gibt es Gutes: Es gibt viele kleine Dinge, die uns froh machen können: Wenn Sie morgens gut aus dem Bett kommen, beim Bingo gewinnen, wenn Ihr Lieblingslied im Radio läuft, wenn Post für Sie da ist, oder Besuch kommt. Wenn ein Vogel an Ihrem Fenster sitzt, wenn der Regen an die Scheiben klopft. Wenn jemand ihnen das Frühstück bringt.

All die kleinen, guten Dinge können wir wahrnehmen und uns dafür öffnen! Jeden Morgen können wir so in den Tag starten, mit dieser Bewegung: Wir breiten unsere Arme aus, öffnen uns und spüren das Gute, das da ist! Machen wir das doch noch einmal zusammen *(vormachen).* Das tut richtig gut. Es hilft, durchzuatmen. Mir kommen dabei auch gleich ein paar Ideen, was ich machen möchte.

Ja, wir haben Flügel. Wir können sie aufspannen und fliegen. Und wenn wir nicht mehr können, wenn wir müde sind, dann kommt der große Adler und fängt uns auf und trägt uns auf seinen Flügeln. Das ist die zweite Entdeckung, die auf uns wartet. Tatsächlich: So ist Gott für uns da. Wir haben es in der Lesung gehört: „Wie ein Adler seine Jungen zum Flug ausführt und über ihnen schwebt, so breitete Gott seine Fittiche aus und nahm uns und trug uns auf seinen Flügeln" (5. Mose 32, 11). Hier schaut Mose auf sein Leben zurück. Er denkt an das, was nicht leicht war im Leben seines Volkes und sagt: Auch auf dem schwierigen Weg war Gott doch immer da und hat uns getragen. Als wir nicht mehr weiter wussten in der Wüste und ohne Aussicht waren, da hat Gott uns getragen.

Das gilt auch für uns. Wenn wir müde werden, wenn wir die Flügel hängen lassen; wenn wir es nicht mehr schaffen, sie auszubreiten, wenn uns der Mut verlässt, wenn die Angst uns einholt und wir fallen, dann kommt uns Gott zu Hilfe. Wie ein Adler, lässt er sich noch tiefer fallen, so dass er unter uns ist, und uns auffangen und tragen kann.

Das wissen wir von Jesus: Jesus war ein Mensch wie wir. Er hat sich auf das alltägliche Leben eingelassen, auch auf die alltäglichen Fragen und Tragödien. Er ist bei den Menschen geblieben, die in Trauer und Angst waren. Jesus, der selber die Verzweiflung kannte und auch nach Gott gesucht hat als er im letzten Elend am Kreuz hing. In diesem Jesus ist Gott uns nahegekommen, um uns tragen.

Darum können wir vertrauen. In seiner Liebe schenkt Gott uns das Leben. Er gibt uns Flügel. Er lehrt uns Fliegen. Er sorgt für uns. Und wenn wir müde werden, fängt er uns auf und trägt uns.

(Abschließende Lesung von Psalm 63, 8)

Amen!

Lied: Lobe den Herren (EG 316, 4-5)

Dank und Fürbitte:
Gott, wir danken dir,
dass du wie ein Adler für uns bist.
Du schenkst uns das Leben.
Du gibst unserer Seele Flügel und immer wieder neue Kraft.
Du trägst uns, wenn wir schwach werden.
Du fängst uns auf, wenn wir fallen.
Hilf uns, darauf zu vertrauen.

Wir danken dir für deine Wohltaten,
für die kleinen Zeichen der Güte in unserem Alltag.
Wir danken dir für die Menschen, die mit uns leben
und ihre Zeit und Kraft mit uns teilen.

Wir bitten dich für alle, die keinen Mut haben,
die verzweifelt sind und ohne Aussicht.
Für die, die keine Geborgenheit erleben,
die kein Nest in dieser Welt finden: Tröste sie.

Wir bitten dich für unsere Welt,
in der es so viele Abgründe gibt:
Schuld, Einsamkeit, Versagen und Not.
Gib uns nicht auf, Gott.
Stärke uns. Bleibe bei uns.
Halte uns fest, trage uns, leite uns.
Nimm die Sterbenden in deine Arme auf.
Amen.

Vaterunser

Lied: Großer Gott, wir loben dich (EG 331, 1-3)

Segen

Der Herr sei vor dir,
um dir den rechten Weg zu zeigen.
Der Herr sei neben dir,
um dich in die Arme zu schließen und dich zu schützen.
Der Herr sei unter dir,
um dich aufzufangen, wenn du fällst.
Der Herr sei in dir,
um dich zu trösten, wenn du traurig bist.
Der Herr sei um dich herum,
um dich zu verteidigen, wenn andere über dich herfallen.
Der Herr sei über dir, um dich zu segnen.
So segne dich der gütige Gott!
Amen.
(Irischer Segen)

Musik

10. Gut gemacht!

Ein Gottesdienst anlässlich eines Sportereignisses[24] | Matthäus 5, 14-15

Impulse zum Erleben:

1. Verschiedene Gegenstände werden gezeigt.
2. Die Gottesdienstteilnehmer:innen bekommen die Gelegenheit, zu sagen, was sie gut können. Sie bekommen einen Orden für das, was sie gut gemacht haben.

Material:

- folgende Gegenstände zum Zeigen: eine Kerze; ein passender hoher Kerzenständer; Topf mit dem das Licht abgedeckt werden kann; Kochtopf mit Kochlöffel; Hammer und Säge, Malerpinsel und Künstlerpinsel, Wollknäuel und Stricknadeln, Hacke, Schere, Pflaster, Flöte
- Orden und Mini-Wäscheklammern[25] in ausreichender Anzahl in einem Henkelkorb, sodass sie gut am Arm zu tragen sind

---

24 Der Gottesdienst wurde erarbeitet und gefeiert zur Zeit von Olympischen beziehungsweise Paralympischen Spielen. Die Einschränkung einer Behinderung, das Leben im Rollstuhl kann von den älteren Menschen gut nachvollzogen werden. Auch andere Sportereignisse können zum Anlass für den Gottesdienst genommen werden. Darauf wird in der Begrüßung Bezug genommen.

25 Eine Bastelanleitung ist im Download-Bereich zu finden.

Ablauf

Musik

Begrüßung

Sportliche Wettkämpfe sind eindrucksvoll. Besonders beeindruckend finde ich Wettkämpfe im Behindertensport. Ein Beispiel: Daniel Scheil: Dieser Mann lang nach einem Herzinfarkt im Koma. Dann bekam er dazu ein schweres Nervenleiden. Er ist schwer behindert und treibt vom Rollstuhl aus Sport: Kugelstoßen, Diskuswerfen und Speerwurf. Er gehört der deutschen Leichtahtletik-Nationalmannschaft an und hat schon viele Medaillen gewonnen.[26]

Menschen haben Gaben, die ihnen zuerst niemand zutraut. Was haben wir für Gaben? Darum geht es heute im Gottesdienst. Schon im ersten Lied, das wir singen, heißt es: „Die besten Güter sind unsre Gemüter! Dankbare Lieder, sind unsere Gaben, die wir haben und einbringen können!“ Singen wir es miteinander.

Lied: Die güldne Sonne voll Freud und Wonne (EG 449, 1.3.4)

Psalm: Psalm 18,2-3 und 29 (LUT)

26 Ein zweites Beispiel ist Hannah Cockroft aus Großbritannien: Sie hat bei ihrer Geburt zwei Mal einen Herzstillstand erlitten, mit schweren Folgen. Ihren Eltern wurde gesagt, dass aus diesem Kind niemals etwas werden kann, dass es das Teenageralter nicht erleben wird. Sie ist jetzt eine der schnellsten Rennrollstuhlfahrerinnen der Welt.

Gebet
Du bist meine Stärke, Gott! Mein Fels, meine Burg, mein Erretter.
Wie gerne möchte ich das sagen können!
Manchmal spüre ich, dass du mir Kraft gibst.
Ich kann aufstehen und mit Freude den Tag beginnen.
Aber dann fühle ich mich wieder schwach und denke:
Wozu bin ich noch da?
Was kann ich denn noch?
Wer will mich noch!
Herr, mein Gott, zeige mir, wer ich in deinen Augen bin.
Du Gott, meine Stärke, mach meine Finsternis hell!
Amen.

Lesung: Matthäus 5, 14-16 (LUT)

Glaubensbekenntnis

Lied: Ich singe dir mit Herz und Mund (EG 324, 1-3.13)

Predigt
Liebe Gemeinde,

(brennende Kerze zeigen) „Ihr seid das Licht der Welt“ (Matthäus 5, 14), sagt Jesus. Ihr seid Licht! Lasst euer Licht leuchten! Wer ein Licht ist, der kann was, der ist eine Leuchte. Überlegen wir doch einmal. Was haben sie gut gekonnt? Fällt ihnen etwas ein? Damit wir auf Ideen kommen, habe ich einige Dinge mitgebracht.

Einen Kochtopf mit Kochlöffel: Konnten Sie gut kochen? Was haben sie besonders gerne gekocht? Und für wen?

Einen Hammer und eine Säge: Wer von Ihnen hatten einen Werkzeugkasten oder sogar eine Werkstatt? Konnten Sie gut mit Werkzeug umgehen? Mit Hammer, Zange, Säge, Feile ...

Was haben Sie damit gemacht? Repariert, gebaut? Was muss man da können?

Malerpinsel und Künstlerpinsel: Pinsel braucht man zum Wände streichen. Kleine Pinsel zum Bilder malen. Haben Sie das gemacht? Können Sie gut malen?

Ein Wollknäuel und Stricknadeln: Daraus kann was werden: ein Paar Socken, eine Mütze, ein Schal, ein Pullover? Können Sie das? Für wen haben Sie gestrickt?

Eine Hacke: Wozu braucht man die? Für die Gartenarbeit oder für die Arbeit auf dem Feld.

Rüben hacken ... haben Sie das noch gemacht?

Eine Schere: Zum Schneidern, Kleider nähen, Hosen nähen, vielleicht auch zum Haare schneiden. Haben Sie das gemacht, genäht und geschneidert? Für wen?

Ein Pflaster: Das Pflaster kommt auf eine Wunde. Wer hat schon mal Kindern ein Pflaster aufs Knie gemacht, oder überhaupt: sich um Kranke gekümmert? Wer konnte das? Pflegen und Trösten? Wer von Ihnen hat schon Kinder verwahrt? Was muss man da können?

Eine Flöte: Konnte jemand von Ihnen Flöte spielen? Oder ein anderes Musikinstrument? Klavier spielen, konnten Sie das? Oder vielleicht Mundharmonika?

Kochen, putzen, die Wohnung schön machen, nähen, reparieren, pflanzen, ernten, Musik machen, Kinder verwahren ... Das sind alles Gaben, die im Leben gebraucht werden. Jesus sagt dazu: „Lasst euer Licht leuchten, damit es hell wird für alle, die im Haus sind!" (Matthäus 5,15). Das gilt für jeden Menschen: Mit der Gabe, die jeder von uns hat, kommt Licht ins Haus und in die Welt!

Wie haben Sie gemerkt, dass Sie etwas gut können? Vielleicht haben Sie einen Kuchen gebacken und der war in null Komma nichts aufgegessen! Da konnten Sie sehen: „Mensch, der Kuchen muss gut gewesen sein! Das habe ich wohl gut gemacht! Ja, backen, das kann ich – es macht mir ja auch Freude!" Vielleicht hat jemand Sie auch gelobt und gesagt: „Das machst du gut, weiter so!" Obwohl man früher ja nicht so sehr viel gelobt hat, oder? Lob wurde vielleicht auf andere Weise gezeigt.

Einmal habe ich eine Frau besucht. Sie war schon fast 80 Jahre alt. Sie führte mich durch ihren Garten. Ich habe gestaunt, wie schön es dort war und was alles blühte in ihrem Garten. Ich habe gesehen, dass Sie ist eine begabte Gärtnerin ist. Sie erzählte: „Schon als Kind hat mich die Mutter in den Garten geschickt, um das Unkraut zu jäten. Die Mutter wusste genau, ich konnte das. Mich konnte sie schicken."

Ja: „Mich konnte sie schicken!", sagte die Frau. Und dabei merkte ich auch ihren Stolz und ihre Freude darüber. Auch wenn sie als Kind nicht besonders gelobt wurde, wusste sie, dass die Mutter sie geschickt hat, war eine Anerkennung! Ohne Worte hatte die Mutter ihr damit gesagt: „Du kannst das! Dich kann ich gebrauchen."

Manchmal wird man auch ganz unerwartet vor Aufgaben gestellt, die man sich nicht aussucht. Aber es muss jetzt einfach gemacht werden. Und da fasst man sich ein Herz, probiert es einfach und stellt fest: „Mensch, das kann ich ja! Ich kann das sogar richtig gut. Als Kind alleine einkaufen oder eine Kindergruppe leiten, das kann ich!"

Vielleicht haben ja auch Sie unter ganz schwierigen Umständen entdeckt, was Sie gut können! Oder ein anderer Mensch war da, der Ihnen einfach etwas zugetraut hat. Der hat vielleicht gesagt: „Komm, mach du das. Du kochst jetzt die Suppe." Der hat gar nicht gefragt, ob Sie das können, aber er hat es Ihnen zugetraut! Und dann haben sie gestaunt und gedacht: „Mensch, das war gut! Das habe ich richtig gut gemacht!"

Oft erkennen wir unsere Gaben daran, dass wir Freude dabei haben. Wir haben Freude bei dem, was wir tun. Wir machen es gerne. Da leuchten dann unsere Augen und andere können es sehen.

Aber jetzt will ich Sie mal fragen: Darf man das überhaupt sagen? „Da war ich gut! Das kann ich! Das habe ich richtig gut gemacht?" Darf man das sagen, und sich freuen und auch stolz drauf sein? Es heißt doch: „Eigenlob ...?" *(Pause)* „Eigenlob stinkt!" Ja, das ist so ein Spruch, den viele von uns gelernt haben.

Was würde Jesus sagen, wenn Sie ihm erzählen, was sie gut können? Und gut gemacht haben im Leben? Würde der Sie schief angucken und sagen: „Eigenlob stinkt"? Auf keinen Fall! Jesus würde sagen: „Gut gemacht! Du hast dein Licht leuchten lassen!"

Ich will Ihnen zeigen, was Jesus zu Ihnen sagen würde: Sehen Sie, hier habe ich einen Orden *(Orden vorzeigen)*. Da steht drauf: „Gut gemacht!" Und Sie sollen jetzt einen Orden bekommen, für das was Sie im Leben gut gemacht haben.

(Mit dem Henkelkorb am Arm von Person zu Person gehen fragen: „Was haben Sie gut gekonnt und gerne gemacht?" Die Antwort abwarten und dann sagen: „Gut gemacht!" Anschließend den Orden anstecken. Dabei Musik) So sieht Jesus das: Mit unserer Gabe, sind wir ein Licht! Jesus freut sich, wenn wir unser Licht leuchten lassen! So wird es hell im Haus. Alle haben etwas davon!

Wie ist das heute? Vielleicht sagen Sie: „Was ich früher alles gemacht habe und gekonnt habe! Das war toll! Aber heute? Heute kann ich doch vieles nicht mehr! Die Beine machen nicht mehr mit, der Rücken tut mir weh, ich kann fast nichts mehr sehen!"

Das stimmt! Das ist sicher oft deprimierend! Denn dann fehlt Ihnen ja auch was: Wenn Sie früher gut backen konnten und heute nicht mehr. Da sagt keiner mehr: „Dein Kuchen schmeckt lecker!" Aber vielleicht gibt es ja noch andere Gaben, die Sie haben, die erst jetzt zum Vorschein kommen, die Sie jetzt erst bemerken? Überlegen Sie einmal: Was können Sie noch? Wir können mal sammeln, was noch geht? *(Pause)*

Ich besuche zum Beispiel eine alte Dame, die im Altenheim lebt. Sie sitzt im Rollstuhl. Sie kann schon lange nicht mehr gehen und auch nicht mehr sprechen. Aber wenn ich sie besuche, leuchten ihre Augen. Ja, sie strahlt mich richtiggehend an. Sie leuchtet. Sie ist ein Licht, einfach indem sie da ist und sich freut. Das berührt mich jedes Mal.

Das ist ihre Gabe, einen Menschen anzuschauen und zu lachen und freundlich zu sein. Auch wenn die Pflegekräfte ins Zimmer kommen. Oder ihre Kinder. Das verändert viel. Da wird es hell!

Und stellen Sie sich einen Briefträger vor, einen Postboten, der ein Päckchen abgeben will. Und es ist niemand da, der es annimmt! Wohin mit dem Päckchen? Das ist für den Postboten schlimm. Es ist lästig, enttäuschend. Wie gut, wenn die Nachbarin da ist, die das Päckchen annimmt! Wer etwas annimmt, ist hilfsbereit. Das ist eine Gabe.

Auch andere Dinge warten darauf, dass sie angenommen werden, zum Beispiel Komplimente oder ein Dankeschön. Das will auch angenommen werden. Stellen Sie sich vor, Sie sagen jemandem etwas Nettes, Sie machen ein Kompliment, etwa: „Was haben Sie heute für eine schöne Bluse an, die steht Ihnen ausgesprochen gut!" Und dann bekommen Sie zur Antwort: „Ach, das ist nichts Besonderes, die ist schon alt. Ich habe heute Morgen einfach nichts anderes im Schrank gehabt."

Das ist doch schade! Es ist enttäuschend. Sie sagen etwas Nettes und der andere Mensch lässt es nicht gelten. Er tut es einfach ab und nimmt es nicht an. Es wäre doch viel schöner, wenn die Person sagen würde: „Danke, es freut mich, dass Sie das sagen!" Wer sich über ein Kompliment freut und sich dafür bedankt, der nimmt es an. Und damit macht er auch dem eine Freude, der die netten Worte gesagt hat. Merken Sie, wie wichtig das Annehmen ist? Es macht Freude, wenn wir gelten lassen, was uns ein anderer Freundliches sagt. Das Gute annehmen ist eine Gabe. So wird es hell im Haus.

Und da sind noch andere Gaben: z.B. ein gutes Wort für andere haben, Schwächeren helfen im Aufzug oder am Tisch; Zuhören. Oder dabei sein, mitmachen. Auch hier im Gottesdienst. Stellen Sie sich vor, ich würde hier allein stehen! Das wäre doch kümmerlich! Wie schön ist es, dass Sie da sind und mitmachen, dass Sie dabei sind, mitsingen, etwas beitragen! Das ist gleich eine andere Sache!

An eine wichtige Gabe will ich auch noch erinnern: An andere denken und für sie beten! Das wird so sehr gebraucht!

Es gibt immer etwas, das wir tun können. Auch wenn wir meinen, es ist ein kleiner Beitrag, jeder Beitrag zählt. Jedes Licht, macht das Haus ein wenig heller! Jesus sagt: „So lasst euer Licht leuchten vor den Leuten, damit sie eure guten Werke sehen und den Vater im Himmel preisen" (Matthäus 5, 16). Das ist das Ziel! Es geht nicht darum, dass wir etwas leisten müssen, sondern dass es hell wird, dass andere sich freuen und Gott loben!

Wenn man das Licht unter einen Topf stellt, was passiert dann? *(Diesen Vorgang mit dem Topf und der Kerze verdeutlichen)* Dann geht das Licht aus! Das passiert auch, wenn wir sagen: „Ich kann ja sowieso nichts mehr. Ich bin ja sowieso nicht wichtig. Auf mich hört keiner. Mich braucht doch keiner mehr!" Wenn wir so über uns denken, dann geht unser Licht aus. Dann verkümmert unsere Gabe!

Aber Gott zündet das Licht wieder an durch das, was Jesus zu uns sagt: Stell dein Licht nicht unter den Scheffel, verstecke es nicht, sondern tu es auf einen Leuchter. Dann leuchtet es allen, die im Haus sind. Lass dein Licht leuchten! Das bedeutet: Tu das, was du kannst. Wenn du lächeln kannst, dann tu das auch! Lächle! Wenn du zuhören kannst, dann höre zu. Mach das, höre dem anderen, der mit dir spricht zu! Du wirst sehen, wie gut das dem anderen tut! Vielleicht fällt dir ein gutes Wort ein, dann sag es auch! Wenn dir jemand ein Kompliment macht, dann nimm es an. Wenn du irgendwo mitmachen kannst, mach mit! Wenn dir jemand etwas gibt, dir Gutes tut, dann lass es dir gefallen! Nimm es an! Lass sein Licht leuchten. Dann wird es hell im Haus. Das ist es, was Gott sich für uns wünscht. Dafür braucht er uns.
Amen.

Übrigens habe ich mir etwas angewöhnt. Ab und zu sage ich zu mir – auch mit einem Augenzwinkern: „Eigenlob STIMMT!"

Lied: In Gottes Namen fang ich an (EG 494, 1-2)

Fürbittengebet
Gott, unser himmlischer Vater,
du hast das Licht gemacht!
Von dir kommt es, dass es hell wird in unserem Leben,
auch durch Menschen, die ihr Licht leuchten lassen.

Wir danken dir für die Menschen,
die für uns kochen und putzen,
die uns ein Lächeln ins Gesicht zaubern,
mit ihrem Humor, mit ihrer Freundlichkeit.

Wir danken dir für die Gaben, die du uns geschenkt hast.
Danke für alles, was wir geschafft haben,
was uns gelungen ist,
wo wir anderen Menschen Guten tun konnten.
Gott du siehst es und freust dich daran,
weil du dich immer freust, wenn Menschen ihr Licht leuchten lassen!

Wir bitten dich für alle, die in ihrem Leben wenig Anerkennung bekommen haben,
obwohl sie viel geleistet haben, oft unter schwierigen Bedingungen.
Segne sie ganz besonders.
Zeige ihnen, dass du ihre Mühe siehst und anerkennst,
dass du sie liebst und achtest.

Hilf uns allen, unser Licht auch heute leuchten zu lassen.
Du weißt, wie schwach wir uns manchmal fühlen,
wie klein und mickerig wir uns oft vorkommen.
Dann öffne uns die Augen.
Hilf uns dankbar sehen, was wir noch können und das auch zu tun:
Ein gutes Wort sagen,
freundlich sein,

die Schwächeren unterstützen,
annehmen, was uns geschenkt wird,
füreinander beten.

Du brauchst uns Gott. Du willst uns haben. Mach uns dazu Mut!
Amen.

Vaterunser

Lied: Großer Gott, wir loben dich: EG 331,10 und 11

Segen

Musik

11. Ganz Ohr

Ein Gottesdienst für alle Tage | 1.Könige 19, 8-9.11-13; Jesaja 50,5

Material:

- ein Foto mit der Ansicht eines Ohres im Format Din A3
- eine Flöte

Impulse zum Erleben:

1. Die Gottesdiensteilnehmer ertasten ihre Ohren. Sie versuchen, auf ihre innere Stimme zu achten.
2. Eine Flötenmelodie wird gespielt, gesummt und schließlich gesungen.

Ablauf

Musik

Begrüßung

Lied: Die güldne Sonne voll Freud und Wonne (EG 449, 1.3.4)

Eröffnung

Variante 1:
Wenn der Gottesdienst morgens gefeiert wird.
Psalm: Psalm 143, 8 (LUT)

Gebet
Die Nacht ist vergangen, mein Gott.
Ich will hoffen:
Auch das Dunkel meiner Angst und meiner Sorgen wird vergehen.
Darum bitte ich dich:
Lass mich hören von deiner Gnade,
von deiner liebevollen Nähe.
Schenke mir ein Wort, das mich gewiss macht:
Du bist für mich da.
Du nimmst mich wahr.
Du weißt den Weg für mich.
Amen.

Variante 2:
Wenn der Gottesdienst am Abend gefeiert wird.
Psalm: Psalm 62, 2-3 (LUT)

Gebet
Es ist Abend geworden, Gott.
Wir kommen zu dir
mit dem, was heute schön war,
mit dem, was uns enttäuscht hat.
Du weißt, was uns Mühe gemacht hat.
Du weißt, was wir gerade brauchen.
Du kennst unser Herz.
Lass uns spüren, dass du uns nahe bist.
Hilf uns hören, was wichtig ist und was uns guttut.
Lass uns Kraft und Hoffnung schöpfen.
Wir hoffen auf dein Wort.
Amen.

Lesung: 1.Könige 19, 8-9.11-13
Elia hörte Gott. Wie war das?
Er wanderte zum Berg Horeb. Dort ging er in eine Höhle, um zu übernachten.
(weiter mit V. 11-13 (BB))

Glaubensbekenntnis

Lied: Gott ist gegenwärtig (EG 165, 1.2.6)

Predigt
Liebe Gemeinde,
Ich habe Ihnen ein Bild mitgebracht von einem großen Ohr!

So sehen wir ein Ohr selten. Unsere Ohren sind viel kleiner. Und sie sind meistens versteckt, verdeckt von Haaren. Wir sehen sie nicht. Wir beachten sie nicht. Und doch sind die Ohren so wichtig!

Schauen Sie mal: Ohren sind wunderbar geformt, ganz kunstvoll. Die Ohrmuschel fängt die Töne ein und sie führt die Töne weiter nach innen, ins Innenohr.

Unsere eigenen Ohren können wir nicht sehen, aber wir können sie fühlen. Gehen Sie doch mal mit Ihren Händen an Ihre Ohren. Versuchen Sie, mit den Fingern Ihr Ohr zu tasten. *(vormachen)* Fühlen Sie mal die zarten kunstvollen Windungen. Ja, da muss man sanft und vorsichtig sein, die Ohren sind nämlich empfindlich. Vielleicht nehmen Sie auch Ihr Ohrläppchen zwischen die Finger ... Und jetzt streicheln Sie mal mit der Handfläche über ihr Ohr, ganz liebevoll.

Ich habe Ohren. Ich kann hören. Wie schön ist das! Ich kann Musik hören. Ich höre die Stimmen im Radio und erfahre Neues. Auf der Straße höre ich, wenn ein Auto kommt. Dann bin ich vorsichtig. Ich höre, wenn das Telefon klingelt. Ich höre, dass es an der Tür klopft. Ich höre, wenn Menschen im Haus sind, wenn jemand auf dem Flur spricht, wenn sich jemand streitet. Ich höre, wenn Leute lachen. Ich höre, wenn jemand weint. Ich höre die anderen und weiß: Ich bin nicht allein. Darum lassen wir manchmal auch gerne die Türen auf. Auch die anderen können mich hören und kommen, wenn ich rufe.

Hören ist so wichtig und auch schön: Ich höre die Vögel draußen. Ich höre die Uhr ticken. Ich kann sogar einen Herzschlag hören, wenn ich noch gut hören kann!

Gut zuhören, das heißt: Ich wende mich ganz und gar dem zu, was für mein Ohr bestimmt ist. Ich höre genau hin. Ich bin ganz Ohr. Als ich ein Kind war, beugte sich meine Oma zu mir herunter und hielt mir ihr Ohr hin: „Sprich lauter, damit ich dich verstehen kann." Sehr aufmerksam hörte sie mir zu.

Ganz Ohr sein, das ist manchmal auch mühsam: Wenn man nicht mehr gut hören kann und die Hand an die Hörmuschel legen muss. Oder wenn man ein Hörgerät braucht und man hat es nicht dabei. Auch wenn es sehr laut ist, kann man nicht gut hören. Wenn Krach auf der Straße ist, oder der Fernseher läuft, kann ich nicht verstehen, was der andere sagt.

Manchmal ist es auch laut in uns: Kennen Sie das? „Also ich muss ständig an etwas denken. Es geht mir so viel im Kopf herum!" Wenn einem so viel im Kopf herumgeht, kann man nicht zuhören. Ich kann dann nicht bei dem sein, was mir gesagt wird.

Wirklich hinhören kann ich auch nicht, wenn andere mich nicht in Ruhe lassen. Wenn ich mich unterhalten will und es kommt jemand ungefragt ins Zimmer oder das Telefon klingelt.

Gut zuhören ist nicht einfach. Gut zuhören können wir, wenn wir uns Stille gönnen und ganz bei uns selbst sind. Dann nehmen wir uns Zeit zum Hören. Wir nehmen auch unsere innere Stimme wahr.

Kennen Sie Ihre innere Stimme? Hören Sie manchmal auf Ihre innere Stimme, auf das, was ganz tief in Ihnen spricht, was Sie bewegt? Was Ihr Herz sagt?

Versuchen wir einmal, auf unser Inneres zu hören. Nehmen wir uns einen Moment und sind ganz still, hören wir in uns hinein. Vielleicht möchten Sie die Augen schließen. Hören Sie in sich hinein... Ist da eine Stimme? Vielleicht ganz leise? Ein „Ach", ein „Oh", ... oder noch mehr? *(Pause)*

Ein Gottesmann in der Bibel hat einmal gesagt: „Gott hat mir das Ohr geöffnet, damit ich höre, wie ein Jünger hört" (Jesaja 50, 5). Gott öffnet mir das Ohr, damit ich seine Stimme höre. Elia hat das erlebt. Von ihm haben wir in der Lesung gehört:

Elia war unterwegs. Am Berg Horeb, dem Gottesberg übernachtet er in einer Höhle. Er ist allein. Bestimmt ist es ruhig dort, aber nicht ganz still. Er hört die Geräusche in der Nacht. Er hört den Wind. Dann sagt Gott zu ihm: „Komm heraus, stell dich auf den Berg vor mich hin." Zuerst kam ein gewaltiger Sturm, der war furchtbar laut. Aber Gott war nicht im Sturm. Dann kam ein Erdbeben, es krachte und bebte, es war ein großer Lärm. Aber Gott war nicht zu hören. Er war nicht im Erdbeben. Dann kam ein Feuer. Das Feuer loderte, knisterte und knallte. Als das Feuer vorbei war, wurde es still. Jetzt hörte Elia ein sanftes, feines Flüstern. Als Elia das hörte, wusste er: Jetzt ist Gott da. Er ging aus der Höhle hinaus. Er bedeckte sein Gesicht mit seinem Mantel. Dann hörte er eine ganz leise Stimme. Es war Gottes Stimme, die zu ihm sprach.

In der Stille hörte Elia Gottes Stimme. Auch wir können in der Stille auf Gott hören. Wir können es üben, still zu werden vor Gott. Einfach da sein, mal ganz bei uns selbst sein, in Gottes Gegenwart. Und dann hören, auf das was in uns ist, was sich da meldet in unserem Inneren, in unserem Herzen. Gott kann in der Stille zu uns sprechen. Und Gott hört auch auf uns, und fragt nach uns: „Da bist du ja, mein Mensch, mein geliebter Sohn, meine geliebte Tochter!"

Andere Menschen spüren, wenn wir ein Ohr für Gott haben, wenn wir mit der guten Nachricht von Gott rechnen. Dann achten wir auf die leisen Töne. Wir achten auf alltägliche Dinge. Wir schimpfen nicht nur, sondern wir sind aufmerksam für das, was ermutigt und weiterführt.

Wir können ganz Ohr sein, für das was Gott uns in der Stille sagt. Auch durch andere Menschen kann Gott mit uns sprechen, Menschen, die etwas Freundliches sagen, die uns Mut machen, die uns an das erinnern, was heute wichtig ist. Gott spricht auch durch sein Wort in der Bibel. Gibt es ein Bibelwort, das Ihnen bekannt und lieb ist? *(Pause)*

Gott weckt unser Ohr jeden Morgen neu – für sein Wort, für das, was heute wichtig ist.

Bitten wir doch darum, dass wir auch ein Ohr für ihn haben. Wir können es tun mit einem Lied.

Schrittweise Aneignung des Liedes
Ich lese uns die Worte des Liedes vor. Hören Sie doch einmal zu, was sie sagen:

(EG 605, 1 und 4 vorlesen)

Jetzt spiele ich Ihnen die Melodie des Liedes vor und Sie dürfen wieder zuhören.

(Melodie mit der Flöte vorspielen. Dabei durch den Raum gehen, auch zu den Menschen, die am Rand sitzen. Alternativ kann die Melodie auf dem Instrument zur Liedbegleitung vorgespielt oder auf einer Silbe vorgesungen werden)

Sie haben die Melodie gehört. Sollen wir sie einmal zusammen summen?

(gemeinsam summen)

Jetzt singen wir das Lied.

Lied: Herr, gib uns Mut zum Hören (EG 605, 1-3)

Gebet
Aufmerksamer Gott, du hast uns heute geweckt.
Du hast uns aus dem Schlaf geholt und aus dem Traum.
Unser Ohr ist wach geworden, auch für deine Stimme.
Hilf uns, dich zu hören in unserem Alltag,
wenn alles laut ist um uns,
und auch wenn es ganz still ist.
Lass uns deine Gegenwart suchen.
Lass uns spüren, dass du da bist und auf dich hören.

Öffne uns auch das Herz für die Stimmen der Mitmenschen,
wenn sie uns Mut machen,
wenn sie uns trösten,
auch wenn sie uns um etwas bitten,
wenn sie uns ihr Leid klagen.

Lass uns ganz Ohr sein – das bitten wir.
Lass uns ganz Ohr sein für dich und für einander.
(Gebetsstille)
Amen.

Vaterunser

Lied: Ach bleib mit deiner Gnade (EG 347, 1-4)

Segen

Musik

12. Verabredung mit Gott

Ein Gottesdienst für alle Tage zum Thema
Freundschaft mit Gott | 2. Mose 33, 7-11a

Impuls zum Erleben:
Jedes Mal, wenn in der Predigt davon erzählt wird, dass Mose zum Zelt der Begegnung geht, dreht der/die Prediger:in eine Runde um den Altartisch und lässt sich dafür Zeit.

Ablauf

Musik

Begrüßung

Lied: Danke für diesen guten Morgen (EG 334, 1.2.4-6)

Eröffnung

Psalm: Psalm 84,2 und 3 (LUT)

Gebet
Herr, unser Gott,
wir danken dir für diese Stunde.
Du versammelst uns bei dir.
Das tut uns gut.
Wir warten auf dein Wort.
Wir schauen auf dich.
Wir hoffen auf dich.
Schenke uns Freude an dir.
Lass uns glücklich sein in deiner Nähe.
Amen.

Einleitung zur Lesung
Für einen Gottesdienst braucht es nicht unbedingt eine Kirche.

Wir feiern hier im Speisesaal.[27] Tische werden weggeräumt. Alles, was wir brauchen, ist da: Wir haben Kreuz, eine Bibel, eine Kerze und Musik. Man kann auch draußen unter freiem Himmel Gottesdienst feiern. Oder in einem Zelt. Das Volk Israel wanderte zum Beispiel

27 Dieser Gottesdienst wird im Speisesaal eines Altenheimes gefeiert. Er kann auch an einem anderen ungewöhnlichen Ort stattfinden, auf den die Einleitung zugeschnitten werden sollte.

viele Jahre durch die Wüste. Sie wohnten in Zelten. Sie hatten auch ein Zelt für Gott. Davon hören wir jetzt in der Lesung

Lesung: 2.Mose 33, 7-11a (BB)

Glaubensbekenntnis

Lied: Befiehl du deine Wege (EG 361, 1-2.6)

Predigt

Liebe Gemeinde,
ich habe eine gute Freundin. Mit ihr verabrede ich mich – zum Beispiel sonntags zum Kaffeetrinken oder zum Spazierengehen. Unter der Woche verabreden wir uns zum Telefonieren. „Wann hast du Zeit?“, frage ich. „Wann können wir telefonieren?“ Wir vereinbaren eine Zeit, dann rufe ich sie an. Wir erzählen dann, wie es uns geht und was wir vorhaben. Wir sprechen über vieles. Das tut uns beiden gut.

Meine Freundin und ich, wir wollen uns nicht aus den Augen verlieren. Wir wollen in Verbindung bleiben. Da hilft es, wenn wir eine feste Verabredung haben und einen Treffpunkt.

Eine feste Verabredung hilft auch, Gott nicht aus den Augen zu verlieren. Ein Treffpunkt mit Gott hilft uns, mit Gott im Gespräch und im Kontakt zu bleiben. Davon erzählt die Geschichte, die wir in der Lesung hörten:

Das Volk Israel wanderte viele Jahre durch die Wüste. Sie waren unterwegs. Sie wohnten in Zelten, wie Nomaden. Mose führte sie durch die Wüste. Er sorgte für Essen und Trinken. Er kümmert sich um alles. Doch er tat es nicht allein. Mose war immer im Gespräch mit Gott.

Bei Gott holte Mose sich Rat. Bei ihm konnte er sich aussprechen.

Ihr Treffpunkt war ein Zelt. Dieses Zelt stand nicht bei den anderen Zelten im Lager. Mose lies es immer ein Stück entfernt vom Lager aufbauen. Etwas außerhalb. Da war es ruhiger, es gab keine Störungen.

Wenn Mose mit Gott reden wollte, hatte er also immer einen kurzen Weg zu gehen, bis er beim Zelt war *(Rundgang)*. Auch das war gut: Beim Gehen konnte Mose schon ein bisschen zur Ruhe kommen und Abstand gewinnen. Er konnte seine Gedanken ordnen. Mose ging immer zu diesem Zelt, wenn er mit Gott reden wollte. Es hieß „Zelt der Begegnung". Luther nannte das Zelt „Stiftshütte". Das Wort kennen Sie vielleicht.

So ein Zelt, ist tatsächlich wie eine kleine Hütte. Eine Hütte schützt vor Wind und Wetter und vor den Blicken der anderen. Sie gibt Geborgenheit. Das braucht man für ein gutes Gespräch. Wenn ich geschützt bin und mich wohl fühle, kann ich mich öffnen und sagen, was ich auf dem Herzen habe. Das brauchte Mose. Darum ging er zum Zelt der Begegnung *(Rundgang)*.

Nicht nur Mose hat das gemacht. Jeder, der wollte, konnte hinaus gehen zum Zelt der Begegnung *(Rundgang)*.

Wenn Mose im Zelt der Begegnung war, geschah etwas: Eine Wolkensäule am Himmel ließ sich über dem Eingang des Zeltes nieder.

Es war nicht irgendeine Regenwolke, die zufällig vorbeikam. Die Wolkensäule war das Zeichen, dass Gott da war. Denn Gott begleitete sein Volk auf der langen, beschwerlichen Wanderung durch die Wüste. In der Nacht war immer eine Feuersäule am Himmel zu sehen. Und am Tag, wenn sie unterwegs waren, war es die Wolkensäule, die mitwanderte. Wolken und Feuersäule zeigten den Menschen: Gott ist bei uns, er begleitet uns auf dem schwierigen Weg. Er geht voran.

Alle im Lager der Israeliten, Männer, Frauen und Kinder schauten Mose nach, wenn er zum Zelt der Begegnung hinausging *(Rundgang)*. Und wenn sie sahen, dass auch die Wolkensäule am Eingang des Zeltes war, dann wussten sie: Jetzt ist Gott bei Mose, jetzt reden die beiden miteinander. Sie reden miteinander von Angesicht zu Angesicht, wie ein Mann mit seinem Freund redet.

Diese Geschichte von Mose und dem Zelt der Begegnung ist wirklich etwas Besonderes.

Sie zeigt uns: Gott bietet uns Freundschaft an. Auch wenn wir durch schwere Zeiten gehen, geht er mit. Er ist für uns da, wie ein guter Freund, wie eine gute Freundin.

Es ist gut, einen Freund oder eine Freundin zu haben. Da weiß ich: Die kennt mich. Die mag mich. Die schätzt mich. Bei einer Freundin kann ich mich auch mal ausweinen. In einer Freundschaft kann man ehrlich sein. Man muss nicht so tun als ob. Man kann so sein, wie man ist, auch mal ärgerlich, oder traurig, oder einfach nur müde. Eine Freundin hört zu. Sie ist einfach da. Manchmal hat sie auch einen Zuspruch für mich.

Das bietet Gott uns an. Er bietet uns Freundschaft an. Er sagt: „Ich bin da, wenn du mich brauchst. Komm, wir treffen uns."

Wie ist es für Sie, wenn Sie das hören?

Wenn wir Freundschaft mit Gott leben wollen, dann brauchen wir Zeit dafür und einen Ort, wo wir mit Gott reden können, wo wir uns aussprechen können, um Rat bitten; wo wir geschützt sind und unser Herz vor Gott öffnen.

Wir brauchen eine feste Verabredung mit Gott, sonst verlieren wir ihn aus den Augen. Der Gottesdienst am Sonntag ist so eine Verabredung. Auch unser Gottesdienst, den wir hier feiern, ist eine Verabredung mit Gott: Wir nehmen uns Zeit für Gott. Wir kommen zusammen. Wir singen schöne, alte Lieder. Wir sind in der Gemeinschaft. So erleben wir etwas von Gottes Güte.

Wir können in den Gottesdienst kommen, so wie wir sind. Wenn wir traurig sind und nicht singen wollen, dann hören wir einfach zu, wie die anderen singen. Sie singen uns Vertrauen und Hoffnung zu. Wenn ich keine Worte finde, um zu sagen, wie es mir geht, wenn mein Herz verschlossen ist. Dann höre ich im Gottesdienst vielleicht Worte, die mir helfen, mich zu verstehen. Vielleicht gibt es ein Gebet, das mein Herz öffnet und mich wieder mit Gott verbindet.

Und am Schluss des Gottesdienstes gibt es den Segen, ohne den keine und keiner nach Hause gehen muss: „Gott segne dich und behüte dich." Im Segen schaut Gott uns an. Er schaut mit Liebe auf uns und beschenkt uns: „Ich bin bei dir und gehe mit dir. Ich leuchte dir. Ich gebe dir Frieden."

Wie gut ist es doch, wenn wir feste Orte und Zeiten haben, an denen wir Gott begegnen können. Auch zuhause können wir uns mit Gott verabreden. Wir können den Tag mit einem Gebet beginnen: „Guten Morgen lieber Gott. Hier bin ich. Ich will dir sagen, wie es mir heute geht. Ich fürchte mir vor dem Tag. Danke, dass du bei mir bist und mich heute begleitest." Wir können den Tag mit einem Abendgebet beschließen, bevor wir einschlafen, noch einmal danken für den Tag und die Sorgen bei Gott abgeben.

Eine Verabredung mit Gott muss nicht lange sein. Wenn wir uns Zeit nehmen für Gott, dann ist Gott auch da. So war es bei Mose: Immer, wenn Mose am Eingang des Zeltes war, ließ sich auch die Wolkensäule am Eingang nieder. Das gilt auch für uns. Es gilt für Sie. Gott ist für Sie da, in der Kirche und auch zuhause; wenn Sie in ihrem Zimmer sind, an ihrem Tisch sitzen, oder draußen auf der Bank im Garten. Wo ist ihr Treffpunkt mit Gott?

Wo immer wir Gott begegnen wollen, wird er da sein. Da, wo wir sind, können wir bitten:

Ich bin, Herr, zu dir gekommen,
komme du nun auch zu mir.
Wo du Wohnung hast genommen,
das ist lauter Himmel hier.
Zieh in meinem Herzen ein,
lass es deine Wohnung sein.
(EG 166, 2)

Amen.

Lied: Mein Schöpfer, steh mir bei (EG 593, 1.4)

Dank und Fürbitte
Gott,
Oft bin ich ganz allein,
Ich bin traurig und suche Hilfe,
wer hat Zeit für mich und versteht mich?

Es gibt Tage, da kommt es mir vor,
als ob mich niemand leiden mag.
Oft mag ich mich selbst nicht.
Wer nimmt mich?

Gott, meine Fragen treiben mich um
Wen kann ich rufen und bitten?
Wem kann ich es sagen, wenn ich glücklich bin?

Ich danke dir, dass du für mich da bist,
als Freund an meiner Seite.
Hilf mir, dir zu vertrauen.
Ich brauche Mut, um dir mein Herz zu öffnen.
Schau mich mit Liebe an
und hilf mir durch den Tag.
Amen.

Vaterunser

Lied: Großer Gott, wir loben dich (EG 331, 1.9.11)

Segen

Musik

13. Auf der Gartenbank

Ein sommerlicher Gottesdienst im Freien | Matthäus 11,28; Johannes 14, 8.; Markus 6,30

Material:

- Eine Gartenbank, platziert neben dem/der Prediger:in, nach Belieben dekoriert, z.B. mit einem Kissen oder einer Schüssel mit Bohnen und einem Küchenmesser

Ablauf

Musik

Begrüßung

Lied: Geh aus, mein Herz, und suche Freud (EG 503, 1-3)

Eröffnung

Psalm: Psalm 36, 6-9 (LUT)

Gebet
Gott, wir danken dir
für diesen Tag,
für diese Stunde,
für unsere Gemeinschaft hier, an diesem schönen Ort.

Unter freiem Himmel kommen wir zusammen.
Der Himmel ist schön, er ist licht, groß und weit.
Er verkündet uns deine Güte, die für alle da ist,
für Menschen und Tiere,
für alles, was lebt.

Danach sehnen wir uns.
Wir möchten deine Güte erfahren.
Darum bitten wir dich:
Sei bei uns, wenn wir singen und beten.
Rede uns zu Herzen.
Rühre uns an.
Zeige uns, wie du unser Leben berührst.
Amen.

Lesung: Psalm 104, 1-3.10-13.16-19.24 (LUT)[28]

Glaubensbekenntnis

Lied: Geh aus, mein Herz, und suche Freud (EG 503, 8.13)

Predigt

Liebe Gemeinde,
herrlich, so eine Bank! Wir gehen spazieren. Und wenn wir erschöpft sind, können wir eine Pause machen. Man setzt sich hin, streckt die Beine aus, schaut zurück, wo man hergekommen ist, und nach vorn, wo man hingeht. Oder einfach hinauf in den Himmel!

Eine Bank darf auch im Garten nicht fehlen. Da kann man sich nach getaner Arbeit niederlassen und den Garten genießen. Oder wenn man Erbsen abgemacht hat, setzt man sich auf die Bank und puhlt sie aus. Oder man schnibbelt die Bohnen, die man geerntet hat.

Am besten hat man noch jemand neben sich, der mithilft und mit dem man sich unterhalten kann. Schön, so ein Sitzplatz im Garten. Und doch wird er viel zu wenig genutzt. Es gibt ja immer was zu tun!

Meine Mutter hat erzählt: Früher gab es in ihrem Dorf vor jedem Haus eine Bank! Wenn am Samstagabend das Haus geputzt war, die Stallarbeit erledigt und die Straße gefegt, dann setzen sich die Leute auf die Bank vor ihrem Haus. Das war der Feierabend. Man genoss die Pause; man schaute, wer noch im Dorf unterwegs war. Man wurde gegrüßt und grüßte zurück. Man unterhielt sich über dies und das. Auch ein bisschen Klatsch und Tratsch musste sein. Das muss schön gewesen sein, denke ich mir. Heute gibt es diese Bänke kaum noch. Die Straße gehört den Autos, die Menschen sitzen abends vor dem Fernseher, der einen auch gut unterhält. Das ist auch schön. Aber es fehlt auch was: Die Ruhe, die Muße, das gemütliche Schauen, die Un-

28 Alternativ: Hanns Dieter Hüsch, „Junipsalm", in: Hanns Dieter Hüsch/Uwe Seidel, Ich stehe unter Gottes Schutz. Psalmen für Alletage, Düsseldorf [13]2014, S.62.

terhaltung, Erzählen, Zuhören. Das brauchen wir und es ist gut, dass es hier, wo wir sind, so eine Bank gibt.

Eine Bank ist wie eine Einladung: Komm setz dich, lass dich nieder. Gönn dir ein wenig Ruhe.

Auch Jesus hat einmal so eine Einladung ausgesprochen. Er hat gesagt: „Kommt her zu mir, alle, die ihr mühselig und beladen seid; ich will euch erquicken“ (Matthäus 11, 28).

„Alle, die ihr müde und bedrückt seid, kommt zu mir. Hier könnt ihr aufatmen. Ich will euch Ruhe geben.“ Wie ist es, wenn wir das hören? Heute an diesem schönen Tag, da geht's uns doch rundum gut. Brauchen wir da diese Einladung von Jesus? Diese Einladung: „zu mir kannst du kommen, Lasten ablegen, dich erfrischen, Ruhe finden.“

Jesus hat zu den bedrängten Tagelöhnern gesprochen, die sicher oft müde waren von der schweren Arbeit. Und die davon gerade mal die eigene Familie ernähren konnten. Aber nicht nur Ihnen hat Jesus das gesagt. Er hatte auch die anderen im Blick. Jesus hatte ein feines Gespür für Menschen und für die Lasten des Lebens, wie sehr sie einen plagen können und einsam machen, an den Rand drängen.

Wie ist es heute? Die Jüngeren unter uns sind oft müde von der Arbeit. Die Älteren haben das Arbeitsleben hinter sich. Sie müssen nicht mehr früh raus und die schwere Arbeit tun wie früher. Für Sie ist der Feierabend des Lebens da. Sind Sie damit alle Lasten und Mühen los? Ich glaube nicht.

Vielleicht kennen Sie folgende Gedanken: „Ich würde ja gerne noch was machen, wenn ich noch könnte!“ Oder: „Mit der Arbeit war Anerkennung verbunden. Die fehlt mir jetzt!“ Oder auch: „Wie anstrengend ist das jetzt im Alter. Allein das aufstehen, das Hochkommen vom Stuhl, kostet so viel Kraft.“

Wenn die Kräfte weniger werden, wird der Alltag zur Mühe. Wenn ich nicht mehr kann, wird manchmal das Leben zur Last.

„Kommt her zu mir, alle, die ihr mühselig und beladen seid; ich will euch erquicken“ sagt Jesus dann zu uns. Er lädt uns ein, wie die

Bank: „Komm her zu mir, hier kannst du erzählen. Du kannst deine Last ablegen und dich erfrischen."

Wie wäre es, wenn wir die Einladung annehmen würden? Stellen wir uns doch einmal vor, wie das wäre: Mit Jesus auf der Bank sitzen und erzählen. *(Pause)*

Das wäre dann ja eigentlich Beten.

Beten? Hm, das ist so eine Sache. Eigentlich ist Beten doch ganz einfach, könnte man denken. Denn wir haben ja alle noch Gebete gelernt: Ein Tischgebet, das Vaterunser, vielleicht auch ein Abendgebet. Und natürlich wissen wir auch: Wir können frei mit Gott reden, mit unseren eigenen Worten. Trotzdem geht das nicht immer so einfach.

Wenn ich beten will, kann es sein, dass sich auf einmal ein Hindernis dazwischenschiebt. Das Hindernis ist die Vorstellung: „Gott ist groß. Er ist riesengroß und mächtig. Eigentlich ist Gott mir zu unheimlich." Und bei dem Gedanken werde ich auf einmal ganz klein. Und ich kann gar nichts mehr sagen, nur so ein paar fromme Formeln, die mir einfallen. Oder ein paar Sätze, von denen ich denke, dass „der da oben" sie hören will, denn er schaut bestimmt streng auf mich herab. Tja, da werde ich auf einmal ganz leise. Da sag ich lieber nichts mehr. Schade.

Ich bin sehr froh, über das, was wir von Jesus wissen. Jesus hat dieses Hindernis nämlich aus dem Weg geräumt. Jesus hat uns Gott nahegebracht. Er hat gesagt: „Wer mich sieht, der sieht den Vater" (Johannes 14, 7). Also: „Wo ich bin, da ist der Vater. Ihr braucht nur mich zu hören, dann hört ihr den Vater." Wenn das stimmt, dann können wir uns zum Beten einfach auf eine Bank setzten und uns vorstellen: Jesus sitzt neben mir. Ja, also Jesus und ich, wir setzen uns da einfach mal zusammen hin. Vielleicht sagt erst mal keiner was. Vielleicht seufze ich ein paarmal, schaue mich ein bisschen um ... und dann fange ich einfach an und erzähle, was los ist und was ich auf dem Herzen habe.

Jesus ist ein guter Zuhörer. Er hört nicht nur ein bisschen hin, mit halbem Ohr. Sondern er ist ganz Ohr. Jesus hört aufmerksam zu und nimmt sich Zeit.

Davon erzählt eine kleine Geschichte aus der Bibel, die ich besonders mag. Es ist im Grunde gar keine Geschichte, nur eine kleine Bemerkung am Rande: Jesus hatte die zwölf Apostel losgeschickt. Jeweils zu zweit sollten sie in die Dörfer gehen und dort predigen und die Menschen heilen. Am Abend kamen die Apostel zurück. Und dann, heißt es, erzählten sie ihm „alles, was sie getan und gesagt haben“ (Markus 6, 30). *Alles*! Und Jesus hört zu, solange bis alles gesagt ist.

Das bietet Jesus auch uns an, wenn er sagt: „Komm her zu mir, wenn du mühselig und beladen bist. Setz dich zu mir auf die Bank und erzähle.“ Ich erzähle Jesus, von dem, was ich erlebt habe, von dem was mich freut, was mich geärgert hat, was mich bedrückt. Ich erzähle ihm von meinem Kummer, von dem was mich unruhig macht. Und er ist da und hört und nimmt mich wichtig.

Auf der Bank mit Jesus kann ich auch zurückblicken auf mein Leben. Wie bei einer Wanderung. Ich setzte mich auf die Bank und schaue zurück auf den Weg, den ich gegangen bin, auf meinen Lebensweg: Wie war mein Weg? Wie ist der verlaufen? Wie war das damals, als ich jung war? Wie habe ich das alles geschafft? Wer war mit mir im Leben unterwegs?

Wenn wir Rückschau halten, kommt nicht nur das Schöne in den Blick, sondern auch das, was nicht gut war. Was machen wir jetzt damit? Was machen wir mit dem Misslungenen, Missratenen, Missgetanen, Missgesagten. Was tun wir mit den bohrenden Fragen: Wieso und warum?

Was falsch war, beschämend oder böse, das legt sich dann vielleicht wie eine Last auf uns. Aber auf der Bank mit Jesus können wir doch Lasten ablegen! Wie wäre das?

Mit Jesus auf der Bank sitzen und Lasten ablegen. Das wäre ja eigentlich Beichten: „Gib mir, was sich wie eine Last auf dich legt, was du vielleicht schon so lange mit dir schleppst. Gib es mir, leg es bei mir ab."

Wenn Jesus sagt: „Kommt her zu mir, alle, die ihr mühselig und beladen seid; ich will euch erquicken", dann bietet er auch Vergebung an. Wir können ihn darum bitten. Wir können Jesus um Vergebung bitten für das, was nicht mehr gut zu machen ist. Vergebung ist kein leeres Wort, sondern es ist eine Entlastung. Es ist eine Befreiung für jeden, der Vertrauen fasst zu Gott.

Befreiend ist es auch, wenn wir anderen vergeben. Wir vergeben denen, die uns das Leben schwer gemacht haben. Das bedeutet: Wir geben das, was uns angetan wurde an Gott ab. Wir halten die Vorwürfe nicht länger fest. Wir halten sie nicht länger warm. Wir klagen nicht länger an. Wir fordern nichts mehr ein: keine Dankbarkeit, keine Entschuldigung. Wir geben alles an Gott ab. Das ist nicht leicht, aber eine Befreiung!

Gott vergibt auch uns. Das bedeutet: Wir dürfen leben. Unter Gottes Sonne, unter seinem Blick der Liebe – so wie wir sind, auch mit unseren Macken und Kanten. Er nimmt uns Lasten ab. Er befreit uns. Wir können aufatmen, unbeschwert sein, und uns freuen: Am Sommer, an der Sonne, am Garten, an den Vögeln, an seiner Liebe. Dazu lädt er uns auf die Gartenbank ein.

Ich will schließen mit einem Gebet, einem Gedicht:

Ich suche einen Platz
für mein zerbrechliches Herz,
wo es ausruhen kann,
und jemand Sorge darum trägt,
wo es sich öffnen kann
ohne verletzt zu werden.

Und ich finde dich, Gott,
wie du mich liebevoll umgibst
mit deiner heilenden Nähe
und mir sagst: Du bist kostbar für mich!
(Ruth Heil)

Amen.

Lied: Meinem Gott gehört die Welt (EG 408, 1-4)

Gebet
Jesus,
die Müden und Beladenen können zu dir kommen,
alle, die müde sind
vom Alter, von ihrer Krankheit,
müde von der Arbeit oder der Arbeitslosigkeit,
müde vom Hadern und Schimpfen,
müde vom täglichen Trott.

Auch uns rufst du.
Wir sind oft rastlos und wir finden keine Ruhe
bei dem, was wir erinnern,
bei den Sorgen, die wir uns machen.

Wir bitten dich, lass uns zur Ruhe kommen bei dir.
Nimm uns die Lasten ab.
Lass uns glücklich sein in deiner Nähe.
Segne uns mit Liebe.

Wir danken dir für die Menschen, die mit uns leben
und sich um uns kümmern.
Schenke ihnen Erholung und Entlastung.
Erfrische ihren Geist und ihr Herz.

Gib, dass bei dem vielen, das zu tut ist,
immer wieder Zeit bleibt,
zum Innehalten,
zum Wahrnehmen;
Zeit zum Reden, hören und verstehen,
Zeit zum Beten.

Gib, dass wir alle immer wieder den Weg zu dir finden
und unsere Lasten bei dir ablegen können.
Amen.

Vaterunser

Lied: Nun danket alle Gott (EG 321, 1-3)

Segen

Musik

14. Beim Namen gerufen

Ein tröstender Gottesdienst für alle Tage | Jesaja 43, 1; Johannes 10, 14-15.a. 27-30; Lukas 10,20b

Impulse zum Erleben:

1. Die Gottesdienstbesucher haben Gelegenheit ihren Vornamen zu nennen.
2. Ein Segensritual am Schluss der Predigt.

Ablauf

Musik

Begrüßung

Lied: Lobe den Herren, alle die ihn ehren, EG 447, 1.2.6.7.

Psalm: Psalm 23 (LUT)

Gebet
Gott, unser guter Hirte,
sei auch mein Hirte
an dunklen Tagen,
im finsteren Tal,
dann, wenn ich kein Licht und keine Hoffnung habe.
Guter Hirte, gerade dann brauche ich dich.
Hilf mir, dass ich dich finde,
lass mich deine Stimme hören,
führe mich ins Helle, ins Weite.
Tröste mich, erquicke mich.
Guter Hirte, nimm dich meiner an.
Amen.

Lesung: Johannes 10, 14-15a. 27-30 (LUT)

Glaubensbekenntnis

Lied: Von Gott will ich nicht lassen (EG 365, 1.3.5)

Predigt
Liebe Gemeinde,
wenn ein Kind auf die Welt kommt, dann gibt es gleich zwei Fragen. Die erste? *(Pause)* Und dann? *(Pause)*

Also zwei Fragen: 1. Junge oder Mädchen? 2. Wie soll es heißen?

Die Eltern haben sich natürlich Gedanken gemacht und einen schönen Namen ausgesucht: Marie, Leni, Max, Jakob, Ben, so heißen viele Kinder heute. Das Kind bekommt den Namen, den die Eltern ausgesucht haben und der bleibt ihm – ein Leben lang.

Welchen Namen haben Ihre Eltern für Sie ausgesucht? Mögen Sie einmal sagen, wie sie mit Vornamen heißen? *(Pause)*

Es ist schön, Ihre Namen zu hören. So wurden Sie als Kind gerufen, von ihrer Mutter, ihrem Vater oder den Großeltern.

Nicht jeder nennt uns beim Vornamen. Zunächst einmal sind wir höflich und sagen Herr und Frau zueinander. Erst wenn man sich besser kennt und vertraut miteinander ist, sagen wir: Hilde und Jutta zueinander oder Hermann und Paul.

Manchmal hat unser Name auch eine Geschichte. Hildegard, Brigitte, Martin, Elisabeth, Benedikt, das sind Namen von Heiligen. Wer so heißt, kann Namenstag feiern. Oder wir wurden nach dem Opa benannt oder nach der Patentante. Der Junge bekommt vielleicht den Namen des Vaters, weil es Tradition ist. So bleiben die Namen in der Familie. So hat jeder und jede von uns seinen oder ihren eigenen Namen.

Vielleicht haben Sie im Laufe der Jahre auch einmal einen Spitznamen bekommen. Gut möglich, dass aus dem Friedrich-Wilhelm irgendwann ein Fritz geworden ist, aus Ernst-Wilhelm ein Ewi, aus dem Johannes ein Hans, aus der Gabriele die Gabi, aus der Margret die Gretel, aus der Marianne die Anne. So werden wir dann gerufen.

Unser Name ist im Alltag wichtig. Der Name an der Zimmertür zeigt: Hier wohne ich. Oder das Namenskärtchen auf dem Tisch: Hier ist mein Platz! Hier gehöre ich hin! Ein Brief kommt an, mein

Name steht auf dem Umschlag – also ist der Brief für mich. Manchmal ist es gut, wenn der Name auch in meiner Jacke steht, dann weiß jeder, wem sie gehört, wenn ich sie irgendwo liegen lasse.

Einen eigenen Namen zu haben ist wichtig und schön. Schön ist es, wenn ich mit meinem Namen angesprochen werde. Schön ist es, wenn jemand nach meinem Namen fragt. Ich freue mich auch, wenn ich jemand mit Namen begrüßen kann.

Alle, die wir einen Namen haben, hören heute, was im Buch des Propheten Jesaja steht: „So spricht Gott, der dich geschaffen hat: Fürchte dich nicht, denn ich habe dich erlöst. Ich habe dich bei deinem Namen gerufen. Du bist mein." (Jesaja 43, 1)

Das ist ein Bibelwort, das seit mehr als 2000 Jahren Menschen getröstet und ermutigt hat. Viele haben es als Taufspruch mitbekommen. Gott spricht dem Volk Israel und jedem Einzelnen seine Nähe und Liebe zu: Hab keine Angst, ich lasse dich nicht allein, ich rufe dich mit Namen, du gehörst zu mir!

Die Menschen, denen das gesagt ist, zweifeln daran. Es ist das Gottesvolk in der Verbannung in Babylon. Die Menschen sind in der Fremde, im Elend, wie Gefangene. Vor langer Zeit hatte man sie deportiert. Man hat sie aus der Heimat weggebracht, damit sie im fremden Land fremden Herren dienen. Sie fühlen sich von Gott verlassen und vergessen. Und immer ist da der Gedanke: Wir selbst waren es ja, die von Gott nichts wissen wollten. Wir haben nicht auf ihn gehört und ihm nicht vertraut, darum sitzen wir jetzt hier.

Und jetzt sagt Gott ihnen in Ihre Verlassenheit und ihren Zweifel hinein: „Fürchte dich nicht. Siehe, ich habe dich erlöst. Ich habe dich mit deinem Namen gerufen, du gehörst zu mir!"

Die Worte des Propheten sind für die Menschen wie ein Licht im Dunkeln. Sie fangen wieder an zu hoffen. Sie hoffen, dass sie frei werden und heimkehren können. Die Worte sagen ihnen auch: Gott ist gnädig, er hat euch schon längst vergeben.

„Ich habe dich bei deinem Namen gerufen" – Hier spricht Gott wie einer, der den Menschen nahesteht. Er will ihnen sagen: „Ihr seid nicht die vergessenen Sklaven Babylons. Ihr seid meine Geschöpfe, ich habe euch schon längst freigekauft. Ihr gehört zu mir."

Wie ist es, wenn wir das hören? Gott ruft uns mit unserem Namen. Was empfinden Sie bei diesem Gedanken? Vielleicht ist Ihnen dieser Ruf lange gleichgültig gewesen. Vielleicht sind Sie dem Ruf ausgewichen. Vielleicht waren Sie enttäuscht. Vielleicht war da die Angst: Gott wird mir alle Versäumnisse und Fehler vorhalten. Oder „Gott" war nur ein leeres Wort. Denn Sie fühlten sich allein gelassen und von Gott vergessen. Vielleicht geht es Ihnen gerade heute so. Und das geschieht ja immer wieder, dass Gott uns ganz fern ist. Er ist uns ganz fremd.

Doch Gott ruft uns, weil er sich nach uns sehnt, weil er sich wünscht, dass wir zu ihm heimfinden. Er möchte, dass wir seine Stimme hören und uns anvertrauen. Denken wir nur daran, was wir in der Lesung hörten. Jesus hat gesagt: „Ich bin der gute Hirte und kenne die Meinen und die Meinen kennen mich, wie mich mein Vater kennt; und ich kenne den Vater. Und ich lasse mein Leben für die Schafe. Und ich habe noch andere Schafe, die sind nicht aus diesem Stall; auch sie muss ich herführen, und sie werden meine Stimme hören, und es wird eine Herde und ein Hirte werden" (Johannes 10, 14-17).

Jesus hat die vor Augen, die nicht zur Herde gehören. Die will er suchen. Gerade sie sollen seine Stimme hören, damit sie heimfinden zu Gott. Gottes Stimme ist die Stimme der Liebe. Und wir finden zu Gott heim, wenn wir anfangen, ihm zu vertrauen; wenn wir uns von Gott lieben lassen. Auch deshalb ist unser Name schön und kostbar: Weil Gott uns mit unserem Namen nennt und ruft.

Ich will Ihnen von einer Frau erzählen[29]. Sie ist gelähmt. Am ganzen Körper. Sie liegt im Bett und kann sich nicht bewegen. Immer wieder hat sie auch Schmerzen, denn zur Lähmung dazu ist der Krebs ge-

---

29 Vgl. Monika Renz, Grenzerfahrung Gott. Spirituelle Erfahrungen in Leid und Tod, Freiburg i.B. 2010, S. 242f.

kommen. So liegt sie da, wie gefangen in ihrem kranken Leib. Jeder Tag beginnt für sie mit der einen Aufgabe: Annehmen, was ist. Sonst ist es nicht auszuhalten. Immer wieder ist die Frau völlig verzweifelt. Sie weiß nicht mehr weiter. Sie weiß dann auch nicht mehr, was sie beten soll. Sie hat keine Worte mehr. Wenn es so schlimm ist, erzählt die Frau, dann betet sie ihren Namen. Sie sagt, dann versinkt sie nicht.

Was diese Frau tut, ist sehr besonders. Sie betet ihren Namen, sagt sie. Was bedeutet das?

Ich bete meinen Namen, das bedeutet: Ich sage meinen Namen, (N.N.), wie etwas Heiliges, wie etwas Kostbares, das mich mit Gott verbindet. *(Pause)*

Das macht die Frau: Sie betet ihren Namen. Sie sagt ihren Namen wie etwas Heiliges und hält sich daran fest. Dann versinkt sie nicht. Wenn sie ganz verzweifelt ist, dann bleibt ihr nur das. Aber das bleibt ihr auch: dass Gott sie kennt und sie zu Gott gehört.

Gott kennt uns mit Namen. Liebe Gemeinde, das ist ein letztes, großes und tiefes Geheimnis über jedem Menschenleben. Es bedeutet, dass wir gehalten und geborgen sind einer großen Liebe, die Gott ist. Diese Liebe umfasst alles, unser Leben und Sterben, unsere Not, unsere Verzweiflung, unsere Sehnsucht. Und auch unsere Freude.

Jesus sagt: „Freut euch (...) darüber, dass eure Namen im Himmel aufgeschrieben sind" (Lukas 10, 20b). Das ruft er uns zu: „Freut euch, dass Gott euch kennt, dass ihr aufgehoben seid in diesem großen Geheimnis!"

Immer wenn wir unseren Namen hören, klingt auch dieses Geheimnis mit: Gott kennt uns mit unserem Namen. Wir können dran denken, wenn wir unseren Namen hören. Und wir können auch unseren Namen beten. Wir können uns in Gottes Liebe hineinbetten. Gerade dann, wenn wir zweifeln.

„Fürchte dich nicht, ich habe dich erlöst, ich habe dich bei deinem Namen gerufen, du gehörst zu mir!"

Ich möchte jetzt zu Ihnen kommen und ihnen, dieses Gotteswort als Segen zusprechen. Amen.

Segensensritual mit Musik*[30]*:
Mögliche Segensworte: „Hab keine Angst. Gott kennt dich. Du gehörst zu ihm. Amen."

Lied: Weißt du wieviel Sternlein stehen (EG 511, 1-3)

Gebet
Liebender Gott,
wer ich auch bin,
du kennst mich,
dein bin ich.
Ich danke dir.
Amen.

Vaterunser

Lied: Großer Gott, wir loben dich (EG 311, 1.9.11)

Segen

Musik

---

30 Hinweise zur Durchführung einer persönlichen Segnung finden Sie am Anfang des Buches in der Einleitung.

15. Heller und Pfennig

Ein Gottesdienst für alle Tage über Vertrauen und Hingabe | Matthäus 6, 26.28 b-30; Markus 12, 41-33

Impulse zum Erleben:

1. Eine kleine Münze, die auf dem Boden liegt, wird von der Predigerin gefunden.
2. Übung: Jede:r macht die Hände zu einer Faust und überlegt: Was könnte da drin sein, das ich verschenken möchte?

Material:

- eine kleine Münze, z.B. ein Centstück oder ein Pfennig

Mitgebsel:

Am Ausgang steht eine Schale mit Bonbons. Jede:r darf sich davon nehmen – zum selber Lutschen oder Verschenken.

Ablauf

Musik

Begrüßung

Lied: Die güldne Sonne voll Freud und Wonne (EG 449, 1.3.10)

Eröffnung

Psalm: Psalm 23 (LUT)

Gebet
Barmherziger Gott,
guter Hirte,
wir sind hierhergekommen,
weil wir deine Nähe suchen.
Wir können nicht sagen: „Es fehlt uns nichts."
Wir sehnen uns nach Trost und Licht.
Wir sehnen uns nach Liebe.
Wir brauchen Freude und neuen Mut.
Darum bitten wir dich:
Führe uns jetzt auf eine grüne Weide.
Erquicke unsere müde Seele.
Erfrische uns mit deinem guten Wort.
Lass uns aufatmen und glücklich sein
in deiner Nähe.
Amen.

Lesung: Matthäus 6, 26.28b-30 (LUT)

Glaubensbekenntnis

Lied: Wer nur den lieben Gott lässt walten (EG 369, 1.3.7)

Predigt

(Vorher eine kleine Münze auf den Boden legen und daraus als Einstieg eine kleine Spielszene machen)

Oh, da liegt ja was auf dem Boden! Moment, das muss ich mal aufheben ... Was ist das? Eine kleine Münze. Jemand hat sie verloren und ich hab' sie gefunden. Wie schön!

Was mach ich mit der Münze? Es ist nur 1 Cent. Kaufen kann ich mir dafür nichts. Aber wegwerfen? Nein, das will ich auch nicht! Vielleicht ist es ja ein Glückspfennig! Am besten stecke ich ihn mir in die Hosentasche. Ich könnte ihn ja doch noch mal brauchen. Manchmal fehlt einem ja gerade so ein Pfennig, so ein Centstück.

Haben Sie auch schon mal ein Geldstück auf der Straße gefunden? Einen Euro oder ein 10-Cent-Stück? „Zehnerle" hab' ich als Kind dazu gesagt. Ich habe kein Taschengeld bekommen. Wenn ich ein Zehnerle gefunden habe, dann war das toll. Das war viel Geld für mich. Damit konnte ich mir beim Bäcker eine Süßigkeit kaufen!

Wenn man nicht viel hat, sind auch ein oder zwei kleine Münzen viel Geld! So ist es auch in der Geschichte, um die es heute geht. Sie steht in der Bibel. Ich will sie erzählen:

Es war in Jerusalem. Jesus war eben mit seinen Jüngern in der Stadt angekommen. Er ging gleich zum Tempel. Dort setzte er sich in die Nähe der Opferkästen. Er sah zu, wie die Leute Geld hineinwarfen.

In den Kästen wurde Geld gesammelt für den Tempel. Das kennen wir. So ein Tempel kostet viel Geld. Reparaturen sind teuer. Es ist wie beim Kölner Dom, der ist eine ständige Baustelle! Auch am Tempel wurde immer Geld gesammelt. Es kamen viele Leute. Reiche waren dabei. Die gaben große Summen. Man konnte es hören, wenn das Geld in die Kästen fiel. Kling, Kling. Dann kam eine Frau, eine arme Witwe. Sie warf zwei kleine Kupfermünzen in den Sammelkasten, eine winzige Summe, gerade mal so viel wert wie ein Pfennig. Als sie die Münzen in den Kasten wirft, hört man fast nichts. Doch Jesus sieht es und staunt.

Er ruft die Jünger und sagt: „Seht! Diese arme Witwe hat mehr hineingelegt als alle anderen. Die anderen haben aus ihrem Überfluss gegeben. Die Frau aber hat in ihrer Armut alles gegeben, was sie hat; alles, was sie zum Leben braucht."

Es ist nur eine kleine Begebenheit am Rande, nichts Besonderes, kein großes Ereignis, kein Wunder. Aber Jesus bemerkt es und nimmt es wichtig. Das kennen wir von ihm. Jesus achtet auf die kleinen Dinge, auf das Alltägliche, das Unscheinbare: auf die Blumen am Weg, die Vögel am Himmel. Auch die Kinder, die nichts galten, hat Jesus ernst genommen und in die Mitte gestellt. „Seht euch die Kinder an, hier kann euch etwas aufgehen."

So kann uns auch an der Geschichte von der armen Witwe etwas aufgehen. Schauen wir sie an: Was bedeutet es, verwitwet zu sein? Das kennen viele von Ihnen. Den Mann, oder die Frau zu verlieren, den Menschen, den man geliebt hat, das ist schwer. Morgens sitzt man allein am Tisch, abends ist man allein im Bett. Man hat niemanden zum Reden!

Zu der Zeit, als Jesus lebte, war das nicht anders. Hinzu kam, dass es keine Renten gab. Eine Frau ohne Mann war von Armut bedroht. Sie hatte kein Einkommen, keine Sicherheit. Sie hatte keine Chance vor Gericht. Sie hatte nichts und sie galt nichts.

So ging es der Frau in unsere Geschichte. Sie war allein. Sie lebte von der Hand in den Mund, von dem, was sie irgendwo fand oder sammeln konnte, zum Beispiel Feuerholz draußen vor der Stadt. Oder das, was auf den Feldern übrig blieb von der Ernte, das konnte sie sammeln.

Andere steckten ihr ab und zu etwas zu: Ein Stück Brot, ein paar Feigen. Vielleicht auch mal ein Geldstück, das war dann eine Kostbarkeit. Auch wenn es nur zwei kleine Münzen waren. Die Witwe war auf jeden Pfennig angewiesen! Und jetzt wirft sie ihre zwei kostbaren Münzen in den Opferkasten! Ist das nicht erstaunlich? Wie kommt sie dazu? Müsste sie das Geld nicht zusammenhalten. Müsste sie nicht eher die Hand *aufhalten* und selbst um Geld bitten. Stattdessen wirft sie die Münzen in den Opferkasten. Alles, was sie hat!

Warum macht sie das?

Ich stelle es mir so vor, dass der Frau eines klar war: „Ich lebe, weil mir gegeben wird, was ich brauche. Gestern hat mir jemand Brot gegeben und ein paar Zwiebeln. Vorgestern den Fisch – gut, er war nicht mehr ganz so frisch, aber er war o.k. Und da war noch der übrige Honigkuchen auf dem Markt. Wie wird es heute sein? Werde ich wieder etwas bekommen oder finden, zum Sattessen? Ich weiß es nicht. Ich will vertrauen."

Die arme Witwe hatte nicht viel, aber sie hatte Vertrauen: „Gott wird mir geben, was ich brauche." Darum konnte sie die Münzen in den Opferkasten werfen. Sie vertraute. Darum konnte sie alles weggeben, was sie hatte. Indem sie alles gibt, was sie hat, vertraut sie sich ganz der Fürsorge Gottes an. Wie ein Kind ist sie ganz und gar angewiesen. Und sie vertraut: Gott wird mir geben, was ich brauche.

Wie ist es mit uns? Ich denke an das Tischgebet, das wir zuhause sprechen. „Alle gute Gaben, alles, was wir haben, kommt, o Gott von dir, wir danken dir dafür." Vielleicht kennen Sie das Gebet. Wenn wir es beten, sagen auch wir: „Alles, was wir haben, kommt von dir, Gott!" Das ist die Verbindung: AUCH WIR haben nur, was uns gegeben ist. Wir haben sicherlich mehr als die arme Witwe. Sehr viel mehr. Doch auch für uns gilt: Alles, was wir haben, hat Gott uns gegeben. Und darum können wir es auch genauso machen wie die Witwe: Wir können Gott ganz und gar vertrauen!

Die Witwe geht in den Tempel. Vielleicht hat sie niemanden zum Reden. Darum – so stelle ich es mir vor – geht sie dorthin: um mit Gott zu reden. Um mit Gott ihre Sorgen zu besprechen und ihn zu bitten: „Hilf mir, dass ich dir weiter vertrauen kann."

Noch etwas geht mir an der Witwe auf: Sie gibt, weil sie Vertrauen hat. Und: Sie gibt, weil sie geben möchte! Eine Münze hätte doch gereicht. Sie gibt zwei.

Es ist so ähnlich, wie im folgenden Beispiel: Ein junger Pfarrer besucht eine Dame im Altenheim. Die Dame ist über 90 Jahre alt. Es geht ihr gut. Sie ist gut versorgt, sie hat alles, was sie braucht. Aber als der Pfarrer bei ihr am Bett sitzt, ist sie unglücklich. Sie sagt: „Ich möchte Ihnen gerne etwas geben. Aber ich kann leider nicht." Der Pfarrer antwortet: „Liebe Frau, ich bin doch nicht gekommen, damit Sie mir was geben! Sie haben früher schon genug gespendet. Und ehrlich gesagt, geht es unserer Gemeinde finanziell ganz gut."

Als die alte Dame das hört, wird sie ärgerlich. Mit ausgestrecktem Zeigefinger zeigt sie in das Gesicht des Pfarrers und sagt: „Hören Sie, junger Mann. Haben Sie mir nicht zugehört? Ich habe nicht davon gesprochen, dass die Kirche Geld braucht. Ich habe davon gesprochen, dass ich etwas geben möchte! Es ist mir ein Bedürfnis, etwas zu geben! Aber ich kann nicht!"

„Es ist mir ein Bedürfnis, etwas zu geben", sagt sie! Wie klingt das für Sie?

Es geht uns vielleicht ähnlich: Wir haben vielleicht alles, was wir brauchen, wir sind rundum versorgt. Aber das reicht uns nicht. Es fehlt uns etwas. Wir möchten etwas haben, das wir geben können. Wir möchten etwas verschenken!

„Es ist mir ein Bedürfnis!" Das heißt: Ich möchte geben. Es ist schön. Es macht Freude!

Da muss ich an eine Dame denken, die ich aus einem Altenheim kenne. Sie ist immer mit ihrem Rollator unterwegs. Am Rollator hält sie sich nicht nur fest, sondern sie hat in ihrem Rollator vorne auch immer etwas drin: eine Tafel Schokolade, ein paar Pralinen. Die verschenkt sie an Kinder oder steckt sie einer Pflegekraft zu. Es macht ihr Freude!

Es reicht uns Menschen eben nicht, wenn wir alles haben. Wir brauchen auch etwas zum Geben, zum Schenken! „So wie eine Musikerin Musik macht, wie ein Maler seine Bilder malt, ein Tänzer tanzen will, so ist es mir ein Bedürfnis zu geben." Ist es nicht das, was uns menschlich macht?

Geben können, ist schön, es ist eine Freiheit. Auch die arme Witwe aus der Jesusgeschichte, will das. Sie will nicht nur annehmen. Sie will nicht nur die Hände aufhalten. Sie hat das Bedürfnis zu *geben*. Und sie ist so frei!

Stellen Sie sich vor, sie haben zwei kleine Münzen, in jeder Hand eine. Sie können die Münzen verschenken. Wem würden Sie die geben wollen? *(Pause)*

Und jetzt stellen Sie sich vor, Sie haben in ihrer Hand keine Münze, sondern etwas anderes. Etwas ganz Kleines, das sie haben, und geben können. Was könnte das sein?

(Antwortmöglichkeiten:
- *Eine Kastanie*
- *Ein Bonbon*
- *Ein Gänseblümchen)*

Auch andere kleine Dinge können wir geben:
- Ein Lächeln,
- Ein Dankeschön
- Ein freundliches Wort
- Den Joghurt, der vom Tisch übriggeblieben ist.

Jeder und jede von uns kann etwas geben – auch kleine Dinge, die gar nicht auffallen. Jesus achtet sie und nimmt sie wichtig! Es ist schön, etwas zu geben, auch wenn es nur etwas ganz Kleines ist. Es macht Freude. Und es macht uns menschlich.

Diese Freiheit schenkt uns Gott. Er gibt uns, was wir brauchen! Wir können vertrauen. Gott schenkt uns auch die Freiheit, etwas zu geben. So macht er unser Leben schön!

Ich will schließen mit einem Gedicht von Matthias Claudius. Es heißt:

Täglich zu singen

Ich danke Gott und freue mich,
wie's Kind zur Weihnachtsgabe,
dass ich bin, bin! Und dass ich dich,
schön menschlich Antlitz habe!

Dass ich die Sonne, Berg und Meer
und Laub und Gras kann sehen!
Und abends unterm Sternenheer
und güldnen Monde gehen.

Ich danke Gott mit Saitenspiel,
dass ich kein König worden.
Ich wär geschmeichelt worden viel
und wär vielleicht verdorben!

Auch bet ich ihn von Herzen an,
dass ich auf dieser Erde
nicht bin ein großer, reicher Mann
und auch wohl keiner werde!

Und all das Geld und all das Gut
gewährt zwar viele Sachen:
Gesundheit, Schlaf und guten Mut
kann's aber doch nicht machen!

Gott gebe mir nur jeden Tag,
so viel ich brauch zum Leben.
Er gibt's dem Sperling auf dem Dach!
Wie sollt er's mir nicht geben?

Amen.

Lied: Bis hierher hat mich Gott gebracht (EG 329, 1-3)

Gebet
Du väterlich-mütterlicher Gott,
guter Hirte,
was ich habe, kommt von dir.
Ich danke dir.

Hilf mir, deine Hand zu fassen,
und dir zu vertrauen.

Du weißt, was mir fehlt und was ich brauche:
Das tägliche Brot,
die tägliche Freude,
Liebe, die mich wärmt,
Menschen, die nach mir fragen,
die mir helfen,
die Erinnerungen wach zu halten,
deine Güte zu sehen,
Mut zu fassen für das, was kommt.

Lass mich alles Gute von dir erwarten,
und jeden Tag aus deiner Hand nehmen.

Du bist ja treu.
Du bist barmherzig.
Du erwartest mich,
was auch immer kommt.
Amen.

Vaterunser

Lied: Nun danket alle Gott (EG 321, 1-3)

Segen

Hinweis: In der Schale am Ausgang sind Bonbons für Sie – zum Mitnehmen und Lutschen oder zum Verschenken.

Musik

16. Danken – wofür?

Ein Gottesdienst zum Erntedankfest | 5. Mose 26, 5b-10a

Impuls zum Erleben:
Der zum Erntedankfest üblicherweise reich geschmückte Gabentisch vor dem Altar ist so gut wie leer. Er füllt sich erst im Laufe der Predigt.

Material

- ein alter Kartoffelsack und große Pappbuchstaben[31], die das Wort „DANKE“ ergeben und zu Beginn auf dem sonst leeren Gabentisch vor dem Altar stehen
- Erntegaben: Äpfel, Birnen, Kartoffeln im Korb, ein paar Maiskolben, Heidelbeeren im Körbchen, Weintrauben, eine Milchkanne, ein Bündel Ähren, ein Brot, Lauch, Möhren und Blumen

31 Große, dreidimensionale Pappbuchstaben sind im Onlinehandel gut zu bekommen.

Ablauf

Musik

Begrüßung
Der Herbst hat seine schönen, goldenen Seiten. Und er hat sein eigenes Fest: Das Erntedankfest! Wir feiern es heute. Wir gönnen uns eine Erntestunde. Wir erinnern uns an das, was Gott uns Gutes getan hat, auch in kargen und sauren Zeiten.

Lied: Bis hierher hat mich Gott gebracht (EG 329, 1-3)

Psalm: Psalm 104, 24.27 (LUT)

Gebet
Gott, unser Schöpfer,
manchmal ist es ein Wunder für uns,
dass die Sonne scheint, dass der Regen fällt
und die Luft nach Herbst riecht.
Wir freuen uns, dass der Tisch gedeckt ist und wir satt werden.
Wir empfinden das Leben als Geschenk
und sind dankbar in unserer Seele!

Aber es gibt auch Zeiten,
da ist das Leben grau und leer.
Es geht uns auf, was uns fehlt und was wir vermissen.
Es gibt nichts was uns tröstet.

Wir bitten dich:
Lass nicht zu, dass das so bleibt.
Stille unseren Hunger nach Freude und Fülle.
Öffne uns die Augen für die Spuren
deiner Liebe und Güte in unserem Leben.
Sei bei uns, wenn wir jetzt Gottesdienst feiern.
Amen.

Einleitung zur Lesung
Schon im Alten Israel haben die Menschen das Erntedankfest gefeiert. Im Herbst brachten sie Erntegaben in den Tempel, und dankten Gott dafür. Dabei erinnerten sie sich und erzählten:
Wie kommt es, dass wir heute gut zu essen haben?
Wie kommt es, dass wir heute diese Gaben bringen können?

Hören wir, welche Antwort sie darauf gefunden haben.

Lesung: 5. Mose 26, 5b-10a (BB)

Glaubensbekenntnis

Lied: Wir pflügen, und wir streuen (EG 508, 1-2)

Predigt
Liebe Gemeinde,
wir feiern Erntedank. Wir haben das schöne Lied gesungen: „Alle gute Gabe ..." und doch ist der Tisch hier leer. Seltsam, nicht wahr?

Aber genau so ist auch manchmal unser Gefühl: Es ist nichts da! Nichts! Mein Leben ist leer. Es ist nichts mehr da, von dem, was ich einmal hatte! Ich habe so viel verloren: mein Zuhause, meinen Mann, meine Frau! Die alten Freunde und Nachbarn kommen nicht mehr. Ich vermisse den Garten, die Arbeit. Auch die alte Kraft ist weg. Die Freiheit fehlt mir. Ich kann nicht einmal mehr alleine raus. Was habe ich denn noch? Und jetzt stehen hier diese Buchstaben: „Danke". Wofür soll ich danken?

„So viel fehlt. Es ist nicht genug da." Das haben viele von Ihnen schon einmal erlebt, früher, in den Kriegsjahren und auch in Nachkriegszeit. Damals waren Sie noch Kinder. Es war die „schlechte Zeit". Wie das war, davon haben Menschen einmal folgendes erzählt[32]:

(Äpfel nehmen)

„Wir haben Äpfel geklaut. Es gab da eine Wiese mit Apfelbäumen, Wir wussten wo. Dort sind wir hin und haben uns einfach genommen. Keiner hat was gesagt. Jeder wusste: Die haben ja Hunger!" *(Äpfel auf den Gabentisch legen)*

(Birnen nehmen)

Oder: „Auf dem Weg zur Schule standen Birnbäume. Wir kamen jeden Tag dran vorbei und haben nach ihnen geschaut. Als sie reif waren, haben wir sie uns geholt." *(Birnen auf den Gabentisch legen)*

(Maiskolben in die Hand nehmen)

„Mais! Ja, den gab es auch damals schon – für das Vieh, aber auch wir sind ins Feld und haben uns die Kolben geholt und gegessen." *(Maiskolben auf den Gabentisch legen)*

„Wir haben eigentlich immer Hunger gehabt. Satt waren wir eigentlich nie."

(Körbchen mit Heidelbeeren nehmen)

„Auch im Wald wurde gesammelt, was man fand: Heidelbeeren, Brombeeren, Erdbeeren. Und Bucheckern! Die konnte man eintau-

---

32 Im Vorfeld des Gottesdienstes habe ich mich mit Bewohnern eines Altenheimes zum Gespräch getroffen. Ich hatte verschiedene Erntegaben auf dem Tisch, auch das eine oder andere Arbeitsgerät. Davon angeregt erzählten die Menschen von ihren Erinnerungen an Ernte, Hunger und Sattwerden besonders in der Kriegs-und Nachkriegszeit. Das greife ich in der Predigt auf. Wenn Sie den Gottesdienst auf die gleiche Weise mit einer Gruppe von Seniorinnen und Senioren vorbereiten, werden sie ähnliche Antworten bekommen, die sie dann in Ihrer Predigt zitieren können. Wenn die Zeit zu einer gemeinsamen Vorbereitung fehlt können Sie auf die Formulierungen in diesem Predigtentwurf zurückgreifen.

schen für Öl. Einmal hat mir jemand die Bucheckern weggenommen. Drei Monate hatte ich gesammelt dafür! Da hab' ich aber gekämpft bis ich die wiederbekam." *(Heidelbeeren auf den Gabentisch legen)*

Ja, es war nicht leicht damals. Man musste sehen, wie man was zu essen bekam. Und Ernten – das hatte nichts Romantisches an sich. Das war damals harte Arbeit. Auch die Kinder mussten mitarbeiten:

(Korb mit Kartoffeln nehmen)

„Kartoffeln raffen, erst in Körbe, dann in Säcke; später kam der Ochsenwagen, da wurden sie aufgeladen; einer stand dabei und passte auf, damit nichts wegkam. Ja, und vorher schon musste man Kartoffelkäfer absammeln. Dafür hatte man schulfrei, die Arbeit auf dem Feld war wichtiger. *(Kartoffelkorb auf den Gabentisch legen)*

(Weintrauben nehmen)

Oder die Weinlese. „Alles geschah mit der Hand. Man musste bei Zeiten raus, die steilen Hänge raufklettern und dann lesen bis die Bütt voll war! Mittags brachte die Winzerfamilie Kartoffelklöße mit Speck. Das war das Schönste! Dieses Essen und die Pause, die wir zusammen hatten." *(Weintrauben auf den Gabentisch legen)*

(Milchkanne nehmen)

„Jedes Fleckchen Land wurde damals genutzt. Wenn die Kühe die Wiesen abgeweidet hatten, kamen die Schafe. Man hatte Milchschafe, die wurden dann dorthin geführt. Das war die Aufgabe der Kinder. Die Schafe konnten dann fressen, was noch übrig war. So hatte man Milch." *(Milchkanne auf den Gabentisch legen)*

(Brotlaib in die Hand nehmen)

Und Brot! „Was hat man nicht alles getan für ein Brot! Was man nur im Haus finden konnte, hat man dafür eingetauscht. Oder man hat Korn gesammelt auf dem Feld. Das hat man dann zum Müller gebracht und dafür Mehl bekommen. Das Mehl hat man zum Bäcker getragen und von ihm bekam man dann das Brot. Ein Butterbrot, das war ein Genuss." *(Ährenbündel und Brot auf den Gabentisch legen)*

Gut war es, wenn man einen Garten hatte, für Lauch, Möhren, Sellerie ... *(Gemüse zeigen und auf den Gabentischlegen)*

(Einen Blumenstrauß zeigen)

Ich habe auch gefragt: „Was war mit Blumen? Gab es auch Blumen? Der Mensch braucht doch auch was Schönes?"

„Blumen? Nein! Erst mal musste man satt werden und was zum Anziehen haben. Das kam noch vor den Blumen: eine Hose, ein Kleid, aus jedem alten Stück wurde etwas Neues genäht."

Aber dann ist ihnen doch eingefallen: „Ja, kleine Röschen an den Rabatten hatten wir. Und Margeriten gab es. Das war schön! Und Kaffee: Gerste wurde geröstet für Blümchenkaffe, Muckefuck. Und später, der Bohnenkaffee, das war eine Kostbarkeit! Der wurde im Viertelpfundpäckchen verkauft!"

Etwas zu Essen haben, etwas zum Anziehen, und vielleicht auch mal was Schönes, Leckeres, das war mit viel Mühe und Arbeit verbunden. Diese Erinnerungen haben sich tief eingeprägt! Und auch andere Erfahrungen, die unvergessen sind. zum Beispiel:

„Wir hatten keinen Hunger, weil wir Kartoffeln hatten."

„Wir hatten nicht viel. Aber zufrieden waren wir! Es ging allen gleich."

„Was auf den Tisch kam, das wurde gegessen."

„Die gegenseitige Hilfe war wunderbar! Keiner wurde im Stich gelassen!"

Auch Sie können sicher Manches erzählten aus dieser Zeit.

Und jetzt sehen wir: Der Gabentisch ist nicht mehr leer. Er ist gedeckt! Gefüllt mit dem, was satt macht: Kartoffeln und Mais, Obst und Beeren, Gemüse mit Milch und Brot. Und auch Blumen sind da, weil der Mensch doch auch was Schönes braucht! Und mit auf dem

Tisch sind die Geschichten, die Erfahrungen, die kostbaren Erinnerungen an diese Zeit; was sie damals erlebt und geschafft und bewältigt haben!

Wie ist es jetzt, wenn Sie die großen Buchstaben sehen: „DANKE"?

Ist es jetzt anders? Was für ein Gefühl ist jetzt da? Staunen oder Dankbarkeit? Vielleicht spüren wir jetzt auf einmal wieder, wie kostbar das alles ist und wir möchten „Danke" sagen:

Danke, für die Kartoffeln, die mich satt gemacht haben.
Danke für den Mais.
Danke, für die Ideen, die wir hatten, um an die Äpfel zu kommen.
Danke für den Mut, der dazu nötig war.
Danke für die Menschen, die großzügig waren und uns
die Äpfel und Birnen gegönnt haben.
Danke für die, die uns ein Brot gegeben haben.
Danke für die Kraft, die wir hatten, um die schwere Arbeit zu tun,
und für die Kraft zum Kämpfen und Durchhalten.
Und Danke für die Erfahrung, dass Kartoffeln etwas
Wunderbares sind,
und dass Brot kostbar ist.
Danke für das Schaf und die Weide.
Danke für den Geschmack der Kartoffelklöße damals
auf dem Weinberg,
und für die süßen Waldbeeren.
Danke, dass es auch Blumen gab – etwas Schönes – und die Pausen.
Danke, dass das alles in der kargen Zeit da war!

Vielleicht fällt Ihnen noch mehr aus dieser Zeit ein. Was möchten Sie in Gedanken noch dazulegen auf diesen Tisch? Etwas das ihnen kostbar ist, was ihnen geschenkt wurde in der schweren Zeit? Auch dafür können Sie jetzt „Danke" sagen. *(Pause)*

Wenn wir uns erinnern und danken, dann nehmen wir das Gute, das

Schöne und Stärkende nicht als selbstverständlich. Sondern wir nehmen es als Geschenk. Und dann geschieht etwas mit uns. Das können wir an diesem Tisch sehen: Erst war der Tisch kahl und leer. Und jetzt ist er gefüllt. Vieles ist auf einmal da, weil wir uns erinnert und erzählt haben!

Wir sind jetzt reich, denn wir haben uns erinnert und erzählt, von der Mühe, der Arbeit und wie wir satt geworden sind in der kargen Zeit! Und wir können danken, weil wir gemerkt haben wie kostbar das war.

Das ist auch für heute wichtig: Dass wir uns erinnern und danken. Damit fängt der Glaube an. Glaube ist das Vertrauen, dass es eine Fürsorge für uns gibt in diesem Leben, eine Kraft, die es gut mit uns meint, eine Liebe, die sich um uns kümmert, die das alles geschenkt hat: „Alle Gute Gabe kommt her von Gott dem Herrn ...!"

Wir brauchen dieses Vertrauen immer wieder, ganz besonders in den kargen, harten Zeiten: Immer dann, wenn wir denken und es auch so erleben: „Mein Leben ist leer. So viel fehlt mir, so vieles, das ich verloren habe und vermisse."

Wer sich dann erinnert an das Gute und dankt, dessen Herz ist nicht mehr leer.

Der kann auch vertrauen.

Vertrauen stärkt uns. Es macht uns frei, frei von Angst. Und auch *freigiebig*, großzügig im Herzen und offen für andere.
Amen.

Lied: Wer nur den lieben Gott lässt walten (EG 369, 1.3.7)

Gebet
Lieber Vater im Himmel,
es tut gut, zurückzuschauen.
Es tut gut, sich zu erinnern.

Auch in kargen und mühsamen Zeiten sind wir satt geworden.
Wir hatten Kraft, um unseren Weg zu gehen.
Wir hatten Mut.
Wir hatten Ideen.
Menschen waren da, die uns gestärkt und mit uns geteilt haben.
Wir haben Freude und Fülle erlebt.

Ich will dir danken, dass ich das alles erlebt habe.
Ich will dir danken für den Schatz meiner Erinnerungen.
Ich will dir danken für deine Güte.

Ich bitte dich: Sorge auch jetzt für mich,
wenn die Tage wieder karg und traurig sind
und der Alltag mühsam ist.
Sorge für mich, wenn ich spüre, was mir fehlt
und was ich vermisse.
Gib mir auch jetzt, was ich brauche:
Liebe und Wärme und Trost in deiner Nähe.

Hilf mir, zu vertrauen:
Du meinst es gut mit mir.
Ich werde satt,
ich bin nicht allein,
Menschen sind da, die mir ihre Zeit schenken,
die nach mir fragen, die mit mir lachen
und mich an ihren Tisch einladen.
Dafür will ich dir danken und dich loben.

Wir bitten dich für die Kranken unter uns,
für die, die Schmerzen haben,
für die, die trauern um das, was sie verloren haben.
Höre ihre Klage und nimmt dich ihrer an.
Amen.

Vaterunser

Lied: Nun danket alle Gott, EG 321,1-3

Segen

Musik

17. Knoten im Taschentuch

Ein Gottesdienst für die Trauer-und Gedenktage im November | Johannes 10,11.27-30; Jesaja 49, 15-16

Impuls zum Erleben:
Die Redewendung „Da mache ich mir einen Knoten ins Taschentuch" wird von dem/der Prediger:in in die Tat umgesetzt.

Material
- ein großes Stofftaschentuch
- Gegenstände, die Erinnerungsstücke sind, wie ein Foto oder ein Brief
- ein Gegenstand, der an einen Verstorbenen erinnert: Dieser Gegenstand sollte, wenn möglich, aus dem Alltag bzw. dem Lebensbezug der Person stammen, die die Predigt hält, für diese einen Erinnerungswert haben und an der entsprechenden Stelle in der Predigt beschrieben werden. Im vorliegenden Beispiel handelt es sich um einen Vogel aus Kupferblech.

Mitgebsel:
für jede:n ein Stoffstück mit einem Knoten

Ablauf

Musik

Begrüßung
Wir feiern Gottesdienst im November. Dieser Monat ist für viele Menschen nicht leicht. Draußen ist es kalt und grau. Es wird früh dunkel. Die Sonne macht sich rar. Und dann sind da auch noch die besonderen Feiertage: Allerheiligen, Volkstrauertag, Totensonntag. Sie bringen die Trauer zurück. Sie erinnern daran, dass wir sterben werden.

Da tut es gut, zu wissen: Gott denkt an uns. Er vergisst uns nicht, weil er uns liebt. Wir gehen nicht verloren! Davon hören wir heute im Gottesdienst.

Lied: Bis hierher hat mich Gott gebracht (EG 329, 1-3)

Eröffnung

Psalm: Psalm 139, 1-3.5
Wir hören ein Gebet aus der Bibel:
Gott, du kennst mich
(weiter mit den Versen 2.3.5 (LUT))

Gebet
Gott, ich staune über das, was ich gehört habe:
Ich wundere mich darüber. Aber ich zweifle auch:
Ist es wirklich wahr, dass du mich kennst
und an mich denkst?
Ist es wahr, dass du deine Hand über mir hältst
und mich nicht vergisst,
auch wenn ich alt werde?

Herr, ich möchte glauben,
dass du bei mir bist im Leben und auch im Sterben.
Ich möcht glauben, dass ich in deiner Hand geborgen bin,
was auch immer kommt-

Schenk mir dieses Vertrauen.
Lass mich jeden Tag deine Nähe und Liebe spüren,
auch jetzt, wenn wir Gottesdienst feiern.
Amen.

Lesung: Johannes 10, 11.27-30 (LUT)

Glaubensbekenntnis

Lied: Ich steh in meines Herren Hand (EG 374, 1.2.5.)

Predigt
Liebe Gemeinde,

ich habe ihnen etwas mitgebracht: ein Taschentuch mit einem Knoten *(zeigen)*.

Früher ging man ja nicht ohne ein frisches Taschentuch aus dem Haus. Das hatte man immer dabei. Und wenn einem dann unterwegs etwas eingefallen ist, was man noch zu erledigen hatte, machte man einfach schnell einen Knoten ins Taschentuch.

Sicher wissen Sie, was so ein Knoten bedeutet. Der Knoten bedeutet: Achtung! Nicht vergessen! Unbedingt dran denken: Du musst noch die Schuhe vom Schuster abholen! Unbedingt Brot vom Einkaufen mitbringen. Oder: Den Geburtstag von Tante Ida nicht vergessen! Ja, so ein Knoten im Taschentuch ist eine praktische Sache, ein kleines Hilfsmittel gegen das Vergessen.

In unserem Alltag haben wir auch noch andere Hilfsmittel gegen das Vergessen:

Wir haben Notizzettel am Telefon liegen. Wir scheiben Einkaufslisten. Wir machen ein Kreuz im Kalender, wenn wir zum Zahnarzt müssen. Im Kalender tragen wir auch Tage ein, die uns besonders wichtig sind: Geburtstage, oder den Hochzeitstag. Auch wenn jemand gestorben ist, tragen wir es in den Kalender ein. So haben wir Gedenktage. Sie erinnern uns an Menschen, die zu uns gehören, die uns lieb sind, auch an wichtige Ereignisse in unserem Leben.

Wenn ein wichtiger Mensch gestorben ist, werden oft kleine Dinge aus dem Alltag wichtig, weil sie uns an den Menschen erinnern. Zum Beispiel ein Foto oder ein Brief. *(Jeweils zeigen. Danach das persönliche Erinnerungsstück zeigen und in seiner Bedeutung erläutern)*

Ein besonderes Erinnerungsstück ist für mich dieser Vogel aus Kupferblech. Als mein Vater gestorben war, habe ich den Vogel im Keller gefunden: Er lag in der Werkstatt, in der mein Vater immer gearbeitet hat. Er hat den Vogel gemacht. Der Vogel ist noch nicht fertig, das sieht man. Das macht aber gar nichts. Im Gegenteil: Der Vogel erinnert mich – so wie er ist – an meinen Vater: Daran, dass er so gerne in der Werkstatt gearbeitet hat, mit der Blechschere, mit dem Hammer an seinem Amboss. Wie geduldig und genau er war! Wie geschickt er war mit seinen großen Händen!

Wenn ich den Vogel sehe, denke ich auch daran, dass mein Vater Vögel so gerne mochte: Amseln, Spatzen, Meisen. Wie er sie im Winter immer großzügig gefüttert hat und im Sommer die Katzen verscheucht hat.

Haben Sie auch so ein Erinnerungsstück, das Sie an einen lieben Menschen erinnert?

Ein Foto von der Mutter, dem Vater, von ihrem Mann? Eine Handarbeit, ein handgeschriebener Gruß? *(Pause)*

Solche Erinnerungsstücke sind kostbar. Sie helfen uns, nicht zu vergessen. Sie helfen uns, den lieben Menschen vor Augen zu haben – ihn im Herzen zu bewahren. Es ist schön, sich zu erinnern: an die Mutter, den Vater, den Ehemann, die Ehefrau. Wir spüren, was uns durch diesen Menschen geschenkt war und sind dankbar. Manchmal tut das Erinnern auch weh, weil wir spüren, was wir verloren haben; weil der liebe Mensch nicht mehr da ist und uns fehlt. Vielleicht fragen wir uns auch: Was ist, wenn ich einmal sterbe? Was wird von mir bleiben? Wer wird sich an mich erinnern?

So ähnlich ging es einmal dem Volk Israel aus der Bibel. Die Menschen klagten. Sie weinten.

Sie riefen: „Gott hat mich verlassen! Gott hat mich vergessen!" (Jesaja 49, 14).

Was war geschehen? Die Menschen waren in einer verzweifelten Lage. Ihre Stadt Jerusalem lag in Trümmern. Die Stadtmauern waren zerstört, die Häuser niedergerissen. Sie hatten alles verloren. Sie glaubten, auch Gott hat sie verlassen und vergessen. Etwas anderes konnten sie sich nicht vorstellen.

In diese Not schickt Gott ihnen einen Propheten. Der Prophet gibt ihnen Antwort von Gott. Die Antwort lautet:

„Kann denn eine Frau ihren Säugling vergessen? Hat sie nicht Erbarmen mit dem Kind, das sie im Leib getragen hat? Aber selbst wenn sie es vergessen sollte – ich vergesse dich nicht! Sieh doch: Ich habe dich in meine Hände eingezeichnet, deine Stadtmauern habe ich stets vor Augen (Jesaja 49, 15-16).

Hier sagt Gott: „Ich werde euch niemals verlassen und vergessen! Seht doch, was mich an euch erinnert: In meine Hände habe ich dich gezeichnet. Hier in meine Hand habe ich deinen Namen geschrieben!"

Das war damals ein Erinnerungszeichen, wie der Knoten im Taschentuch, wie der Vogel aus Kupferblech. Ein Liebhaber ließ sich den Namen seiner Geliebten in die Hand schreiben. Nicht nur hineinschreiben, sondern hinein tätowieren: mit Nadel und Farbe unter die Haut! Das tat der Liebhaber, um immer wieder an die Frau seines Herzens erinnert zu werden. So zeigte er auch, dass seine Liebe tief ist, und Bestand haben sollte.

Und das sagt Gott jetzt auch seinem Volk: „Ich kann dich gar nicht vergessen und verlassen. Denn ich habe deinen Namen in meine Hand eingeschrieben. Menschen können vergessen, sogar eine Mutter kann ihr Kind vergessen und nichts mehr wissen wollen, von dem Kind, das sie im Leib getragen hat. Das gibt es. Aber ich vergesse dich nicht.

Ich habe deinen Namen hier in die Hand eingegraben! Darum habe ich deine Stadtmauern, dein Gesicht und deine Geschichte immer vor Augen."

Liebe Gemeinde, das ist Gottes Zuspruch – auch für uns. Gott verlässt und vergisst uns nicht, – auch wenn wir uns verloren und vergessen fühlen. Gott denkt an uns. Er hört unser Weinen. Wir sind seinem Herzen immer nah. Denn er hat uns in seine Hand eingeschrieben. Auch die Menschen, die wir verloren haben und vermissen, sind Gottes Herzen nah für alle Zeiten. Keiner ist vergessen und verloren.

An Jesus können wir das sehen. Hier ist es für uns alle deutlich geworden. Auch Jesus hat Angst, Schmerz und Verlassenheit erlebt. Als er am Kreuz hing, hat auch er geschrien: „Mein Gott, mein Gott, warum hast du mich verlassen?"

Doch das war nicht das Ende. Denn Gott hatte ihn in seinem Elend nicht vergessen. Gott hat an ihn gedacht und ihm geholfen. In der dunkelsten Nacht des Todes ist Jesus auferstanden zum Leben.

So ist Jesus für uns zum guten Hirten geworden. Alle, die das hören, können sich freuen und Vertrauen haben: Gott denkt an uns. Er liebt und bewahrt uns. Er hat uns in seine Hand geschrieben. Niemand kann uns aus seiner Hand reißen.

Das möchte ich nicht vergessen! Daran will ich immer denken! Darum mache ich mir jetzt gleich noch mal einen dicken Knoten in mein Taschentuch! *(Knoten ins Taschentuch machen und zeigen.)*
Amen.

Lied: So nimm denn meine Hände (EG 376, 1-3)

Gebet
Lieber himmlischer Vater, du guter Hirte,
wir danken dir.
Menschen vergessen. Auch wir vergessen.
Aber du kannst uns gar nicht vergessen.
Du hast uns eingeschrieben in deine Hände,
weil du uns liebst.

Wir bitten dich: Halt uns fest, wenn wir traurig sind,
weil wir an die Menschen denken,
die zu uns gehörten,
die wir lieben
und die wir verloren haben.

Halt uns fest,
wenn wir weinen,
wenn wir zweifeln und voller Fragen sind.

Halt uns fest
und tröste uns mit Hoffnung.
Wir sind geborgen bei dir.
Tröste uns auch durch Menschen,
die für uns da sind
und uns deine Liebe spüren lassen.

Nimm uns immer wieder an die Hand,
wenn wir dich verlieren.
Das bitten wir für uns
und für alle, die deine Hilfe brauchen.
Amen.

Vaterunser

Lied: Von Guten Mächten treu und still umgeben (EG 652, 1.2.5)

Segen

Musik und Verteilen der Mitgebsel

18. Hiobsbotschaften

Ein Gedenkgottesdienst für die Trauer-und Gedenktage im November | Die Hiobsgeschichte; Matthäus 5, 1-10

Impuls zum Erleben:
Entzünden einer Osterkerze bzw. von Gedenkkerzen

Totengedenken
Variante 1: In vielen Alten- und Pflegeeinrichtungen wird einmal im Jahr der verstorbenen Bewohner:innen namentlich gedacht. Gestaltungsvariante 1 gibt dafür eine Vorlage.

Variante 2: Menschen, die durch Alter und Krankheit eingeschränkt sind – auch solche die in einem Altenheim leben –, haben oft nicht die Möglichkeit, zum Friedhof zu gehen und dort ihrer Verstorbenen zu gedenken. Hier wird die Möglichkeit geboten, dies in einem gottesdienstlichen Rahmen und mit Gebet zu tun.

Material
- eine Osterkerze, wie sie in jeder Kirche vorhanden ist: In der Variante 1 brennt die Osterkerze von Beginn des Gottesdienstes an; in der Variante 2 wird sie vor dem Fürbittengebet angezündet.
- für Variante 1 werden kleine Kerzen benötigt entsprechend der Zahl der Verstorbenen

Ablauf

Musik

Begrüßung

Wir feiern Gottesdienst im November. Die Tage werden kürzer. Die Nächte länger. Die Natur nimmt Abschied von der Wärme, vom Sommer. Und wir tun es auch.

An unseren Feiertagen – Allerheiligen, Volkstrauertag und Totensonntag – denken wir an unsere Verstorbenen, an die Menschen, von denen wir uns verabschieden mussten.

Das wollen wir auch in diesem Gottesdienst tun. Es ist gut, sich gemeinsam zu erinnern. Wir erfahren, dass wir nicht allein sind mit unserer Trauer und können so auch Trost und Hoffnung miteinander teilen.

Lied: Wach auf mein Herz und singe (EG 446, 1-4)

Eröffnung

Psalm: Psalm 126, 5-6
Herr, wende unser Schicksal zum Guten,
so wie du die Bäche
nach langer Trockenheit
wieder mit Wasser füllst.
Wir hoffen:
Wer unter Tränen sät, wird mit Freuden ernten.
Wer jetzt weinend aufs Feld geht,
kommt jubelnd zurück,
wenn er die Garben nach Hause bringt.

Gebet[33]
Lieber Gott,
Wir wünschen uns so sehr, dass wahr wird,
was dein Wort uns sagt:
Dass aus vielen Tränen ein Lachen wird,
und Kummer und Mühe
sich in Freude verwandelt.
So gerne möchten *auch wir* einmal sagen:
Es hat sich alles gelohnt,
am Ende ist es gut geworden.

Für jetzt bitten wir dich:
Hilf uns die Mühen zu tragen.
Schenke uns Geduld, damit wir nicht bitter werden.
Öffne immer wieder den Schleier der Traurigkeit,
damit wir durch ihn hindurchsehen können.
Und dann, wenn wir getröstet werden,
Hoffnung schöpfen.
Amen.

Einleitung zur Lesung:
Einmal stieg Jesus auf einen Berg. Dort setzte er sich nieder. Er lehrte die vielen Menschen und die Jünger, die bei ihm waren. Hören wir, was er ihnen und uns sagt:

Lesung: Matthäus 5,3-10 (BB)

Glaubensbekenntnis

Lied: Was Gott tut, das ist wohlgetan (EG 372, 1.4.6)

---

33 Inspiriert durch: Sylvia Bukowski, Du bist der Gott, den ich suche. Gebete für Gottesdienst und Alltag, Neukirchen-Vluyn 2014, S. 147.

Predigt
Liebe Gemeinde,
„Was Gott tut, das ist wohlgetan." Das haben wir gesungen. Es ist ein Bekenntnis: Was Gott tut, ist gut. Er tut uns wohl.

Nicht immer können wir das sagen. Lachen und Weinen sind oft ganz nah beieinander. Wir erleben Glück und Freude und dann wieder Leid, das uns ratlos macht und hilflos.

Warum nur ist das so? Warum erleben wir Leid? Und wo ist Gott in dem allem? Mit diesen Fragen sind wir nicht allein. Zu allen Zeiten haben Menschen das erlebt: Gott ist ihnen fremd geworden, unter dem, was sie erleben und erleiden mussten. Einer davon ist Hiob. Seine Geschichte steht in der Bibel. Um ihn soll es heute gehen.

Wer war Hiob? Wissen Sie etwas von seiner Geschichte? *(Pause)*

Wenn jemand eine schlimme Nachricht bekommt, sagen wir: Er bekommt eine Hiobsbotschaft. Hiob bekommt viele schlimme Nachrichten. Zuerst kommt ein Bote und bringt ihm die Nachricht: „Hiob, die Hirten, die deine großen Rinderherden bewachten, sind überfallen worden. Die Hirten sind alle umgebracht worden und alle deine Tiere sind geraubt worden. Dann ist Feuer vom Himmel gefallen – ein Blitz. Er hat alle deine Schafe und Esel verbrannt." Kaum ist der Bote mit seinem Bericht fertig, kommt schon der Nächste und sagt: „Hiob, das Haus, in dem deine Söhne und Töchter mit ihren Familien gefeiert haben, ist eingestürzt. Alle sind tot, von den Trümmern erschlagen."

Hiob ist ein sehr reicher Mann und Vater vieler Kinder. Jetzt hat er alles verloren. Doch das ist noch nicht das Ende. Er wird krank – sehr krank. Nur noch das nackte Leben hat er. Was macht er jetzt?

„Bestimmt, wird er sich von Gott lossagen! Jetzt, wo ihm alles genommen ist, was ihn glücklich gemacht hat, wird er doch bestimmt seinen Gott verfluchen!" Das ist es, was der Satan vermutet: Menschen glauben doch nur, solange es ihnen gut geht. Für sie ist Gott nichts anders als eine Kuh, die sie melken können. Wenn es ihnen schlecht geht, ist es mit dem Glauben vorbei!

Da legt der Satan den Finger auf einen wunden Punkt. Wie ist es mit unserem Glauben? Ist Gott uns nur wichtig, solange es uns gut geht? Was wird aus unserer Gottesbeziehung, wenn wir leiden? Es ist wirklich ein wunder Punkt: Wund, bedeutet: Es tut weh, daran zu rühren.

Schauen wir, wie es bei Hiob war: Nachdem Hiob alle diese Hiobsbotschaften bekommen hat, ist er einfach nur verzweifelt. Er setzt sich auf die Müllkippe vor der Stadt. Dort, auf dem Aschehaufen beginnt er zu weinen und zu klagen. Hiobs Frau kommt zu ihm auf die Müllkippe hinaus: Sie sagt „Das hast du jetzt davon! Das hast du von deinem Glauben und deiner Rechtschaffenheit. Nichts! Es geht dir schlecht. Vergiss deinen Gott. Sag dich von ihm los und stirb!"

Freunde kommen zu Hiob auf die Müllkippe hinaus. Auch sie reden auf ihn ein: „Hiob, wenn es dir so schlecht geht, dann kann das nur daran liegen, dass du eine Sünde begangen hast. Denk nach, was du falsch gemacht hast und bereue. Dann wird Gott dir sicher wieder Gnade schenken." Doch das macht Hiob wütend: Er sagt: „Nein, da ist keine Sünde. Ich habe nichts getan, wofür Gott mich strafen könnte. Hört auf, und quält mich nicht noch mehr!"

Hiob klagt und weint. Er muss sich vieles anhören. Doch er sagt sich nicht von Gott los. Er sagt: „Gott hat mir Gutes gegeben und wieder genommen. Sein Name sei gelobt!" (Hiob 1, 21) Und: „Wenn wir doch Gutes von Gott empfangen haben, sollen wir das Böse nicht auch annehmen?" (Hiob 2, 10).

Und immer wieder klagt er und schreit seine Verzweiflung hinaus. Er schreit auch ungeschönt seine Fragen hinaus: „Wo bist du Gott? Warum tust du mir das an?" Er sagt auch: „Ich weiß, dass mein Erlöser lebt!" (Hiob 19,25).

So bleibt es lange Zeit. Die Freunde verlassen ihn. Von seiner Frau hört er nichts mehr. Jetzt ist Hiob allein. Er hat nur noch seinen Gott, der ihm so fremd geworden ist. Und er bleibt bei diesem Gott, auch wenn er ihn nur noch anklagt.

Schließlich geschieht es: Aus dem Sturm heraus hört Hiob Gottes Stimme: „Kannst du die Weite und Tiefe des Meeres ergründen, Hiob? Kannst du den Himmel fassen? Warst du schon einmal da, wo der Regen, der Schnee und der Sturm herkommen? Kannst du die Sterne oben am Himmel festhalten? Wer gibt den Raben ihre Speise? Weißt du, wann es Zeit ist, dass die Gämsen gebären? Kannst du den Pferden ihre Kraft geben?" (nach Hiob 38, 16-39,19).

Mehr und mehr solcher Fragen stellt Gott. Hiob hört und schaut und spürt die Größe Gottes.

Hiob erkennt, dass der, der mit ihm spricht, der Ewige, ein großes und machtvolles Geheimnis ist. Und dass er selbst nur ein Mensch ist.

Hiob sagt: „Wie soll ich antworten, ich bin zu gering. Ich will meine Hand auf den Mund legen." *(Hand auf den Mund legen)* Gott fragt weiter: „Willst du mir sagen, was richtig und falsch ist, Hiob? Willst du mit mir rechten?" (nach Hiob 40, 4-8) Hiob antwortet: „Wie sollte ein Mensch mit seinem kleinen Verstand dich fassen können? Ich kann dich nicht begreifen, ich kann auch nicht mit dir rechten" (42, 2-4).

Es ist ein sehr persönliches Gespräch zwischen den beiden, zwischen Gott und Hiob. Am Ende sagt Hiob: „Ich bin froh, denn bisher habe ich dich nur vom Hörensagen gekannt. Aber nun hat mein Auge dich gesehen! Ich weiß jetzt: Mit meinen Anklagen habe ich dir Unrecht getan. Ich kehre um zu dir" (Hiob 42, 5-6).

Das ist die Hiobsgeschichte. Auf seine vielen Fragen bekommt Hiob von Gott keine Antwort. Er bekommt keine Erklärung für sein Leid. Aber er darf Gott schauen und mit Gott reden. Er verstummt vor diesem großen Geheimnis – staunend und in Demut – weil Gott sich ihm gezeigt hat; weil Gott ihn gehört hat und er ihn sehen durfte – dort auf der Müllkippe.

Später ist dann vieles auch wieder gut geworden. Hiob ist wieder gesund geworden, seine Geschwister, seine Freunde, alle, die ihn verlassen haben, kehren zu ihm zurück. Und Gott segnet ihn neu. Er bekommt neue Herden. Es werden ihm noch einmal Kinder geboren. Und Hiob stirbt alt und lebenssatt. Lebenssatt, das heißt nicht: Dass er das Leben satthat, sondern dass er satt ist, gesättigt ist vom Leben!

Was können wir aus der Hiobsgeschichte lernen? *(Pause)*

Wenn wir an Gott glauben, bedeutet es nicht, dass es uns immer gut geht. An Gott glauben heißt nicht, dass wir alles verstehen. Auch das Leid können wir nicht erklären. Hiob hatte keine Schuld an seinem Unglück. Auch wir sind nicht schuld an unserem Unglück.

Und Gott? Gott, der Ewige, ist ein Geheimnis – groß, machtvoll und trotzdem nahe. Gott ist da, auch wenn es dunkel wird. Er hört, wenn wir klagen. Auch wenn wir ihn anklagen, entzieht er sich nicht. Und er kann Leid wenden, manchmal – nicht immer. Es bleibt ein Geschenk.
Amen.

Lied: Befiehl du deine Wege (EG 361, 1.6. 11)

Variante 1:
Überleitung
„Ich weiß, dass mein Erlöser lebt", hat Hiob gesagt. Diese Gewissheit hat für uns einen Namen: Jesus. Weil wir von Jesus wissen, haben wir Hoffnung.

Gott wird das Leid dieser Welt wenden. Er wird auch unser Leben erneuern. Denn Jesus ist vom Tod auferstanden. Wir und alle und unsere Verstorbenen werden mit ihm in seiner Ewigkeit leben.

In dieser Hoffnung gedenken wir jetzt unserer Verstorbenen. Wir nennen die Namen der Menschen, die hier im Haus gelebt haben und im jetzt zu Ende gehenden Kirchenjahr zu Gott heimgegangen sind und zünden ein Licht für sie an.

Gedenkritual
Die Namen der Verstorbenen werden der Reihe nach vorgelesen mit Anga-

be des Alters und des Sterbedatums. Wenn möglich nimmt eine zweite Person mit einer zusätzlichen Kerze Licht von der Osterkerze, zündet damit nach jeder Namensnennung eine Kerze an und stellt diese auf den Altar.

Abschluss

Für jeden unserer verstorbenen Menschen brennt ein Licht. Das Licht ist Zeichen der Hoffnung, die wir durch Jesus haben. Folgende Worte hat er gesagt:

(Abschließende Lesung von Johannes 8, 12 und 11, 25 (BB))

Variante 2:

Überleitung

„Ich weiß, dass mein Erlöser lebt", hat Hiob gesagt. Diese Gewissheit hat für uns einen Namen: Jesus. Weil wir von Jesus wissen, haben wir Hoffnung.

Gott wird das Leid dieser Welt wenden. Er wird auch unser Leben erneuern. Denn Jesus ist vom Tod auferstanden. Wir und alle unsere Verstorbenen werden mit ihm in seiner Ewigkeit leben.

In dieser Hoffnung zünde ich jetzt diese Kerze an. Es ist eine Osterkerze. In jeder Kirche gibt es so eine Kerze. Sie wird im Gottesdienst angezündet und erinnert an Jesus und seine Auferstehung.

Heute leuchtet sie hier für uns.

Entzünden der Osterkerze

Gebet

Gott, du hast Licht für uns.
Du gibst uns Hoffnung.
Du willst, dass wir dir vertrauen
und dich immer wieder suchen,
von ganzem Herzen, von ganzer Seele und mit allen unseren Kräften.
Sei darum barmherzig und hilf uns.
Nimm uns an der Hand und führe uns.

Lass uns bei dir bleiben,
auch wenn wir Kummer haben und zweifeln.
Und bleib auch bei uns.
Trage mit, was wir allein nicht tragen können.
Lass uns immer wieder staunen
über dich und deine Wunder.

Wir bitten dich
für die Menschen aus unserer Mitte, die verstorben sind.[34]
(Variante 2: ... an die wir heute denken und um die wir trauern.)
Nimm sie auf in dein Erbarmen,
mit allem, was sie in ihrem Leben geschafft, gehofft,
gelitten und bewältig haben.
Schenke ihnen und uns deine Herrlichkeit und deine Zukunft.
Amen.

34 Inspiriert durch: Huub Oosterhuis, Für einen Verstorbenen, in: ders.: Das Huub Osterhuis Gottesdienstbuch, Freiburg i.Br., S. 367.

Vaterunser

Lied: Christ ist erstanden (EG 99)

Segen

Musik

19. Es kommt ein Schiff

Ein Gottesdienst für die Adventszeit[35] mit Liedpredigt | EG 8; Lukas 1,26-35.38

Impuls zum Erleben:
Die Teilnehmer erleben, dass ein Schiff (Papierschiff) zu ihnen kommt und ihnen ein Herz bringt.

Material

- adventliche Dekoration, z.B. ein Adventskranz, Tannenzweige, Sterne
- ein großes, aus Packpapier (70 x 105 cm) gefaltetes Schiff mit vergrößertem, sichtbarem Segel, dekoriert auf einem blauen Tuch.[36]
- Herzen, die aus Fotokarton, der mit weihnachtlichen Motiven bedruckt ist, ausgeschnitten wurden. Sie werden in das Papierschiff gelegt.
- Musik zur Begleitung der Aktion mit dem Impuls zum Erleben.

35 Der Gottesdienst kann auch in der Weihnachtszeit gefeiert werden, dann mit Lesung der Weihnachtsgeschichte (Lukas 2) sowie passenden Liedern und Gebeten.
36 Eine Bastelanleitung ist im Download-Bereich zu finden.

Ablauf

Musik

Begrüßung

Wir sind im Advent. Wir bereiten uns vor auf Weihnachten, auf die Geburt von Jesus.

Der grüne Kranz in unserer Mitte hilft uns. Wir zünden die Kerzen an. Sie leuchten.

Sie sagen uns: So will Jesus für uns sein. Jesus kommt und macht unsere Dunkelheit hell.

Lied: Macht hoch die Tür (EG 1, 1-3)

Psalm: Psalm 24, 7

Gebet

Lieber Vater im Himmel,
wir haben Advent.
Wir freuen uns an den Kerzen, den Zweigen, den Liedern.
Wir wünschen uns, dass es hell wird in unserem Leben.
Ob das auch wahr wird in diesem Jahr?
Herr, du kennst unsere Fragen und unsere Zweifel,
unseren alltäglichen Kummer.
Segne uns wieder mit Sehnsucht und mit neuer Hoffnung,
gib uns eine Aussicht, die uns Mut macht.
Das bitten wir dich, wenn wir jetzt Gottesdienst feiern.
Amen.

Lesung: Lukas 1, 26-35. 38[37]

Der Engel Gabriel wurde von Gott in eine Stadt in Galiläa gesandt. Die Stadt hieß Nazareth.

---

37 im Folgenden sprachlich vereinfacht und leicht gekürzt.

Dort lebte eine junge Frau. Sie hieß Maria und war verlobt mit einem Mann, der Josef hieß und ein Zimmermann war. Der Engel kam zu ihr hinein und sagte: „Sei gegrüßt! Gott hat dir Gnade geschenkt. Er ist mit dir!" Maria erschrak als sie das hörte und sagte: „Was hat dieser Gruß zu bedeuten?" Der Engel antwortete: „Hab keine Angst! Gott hat dich erwählt. Du wirst schwanger werden und einen Sohn zur Welt bringen. Den sollst du Jesus nennen. Er wird groß sein und „Sohn des Höchsten" genannt werden. Gott wird ihm den Thron Davids geben und er wird für immer König sein. Sein Reich wird kein Ende haben." Da sagte Maria zu dem Engel: „Wie soll das zugehen? Ich bin noch mit keinem Mann zusammen?" Der Engel antwortete: „Der Geist Gottes wird über dich kommen. Die Kraft des Höchsten wird dieses Wunder in dir bewirken. Darum wird auch das Kind, das geboren wird, heilig sein und Sohn Gottes genannt werden. Maria sagte: „Ich bin einverstanden. Ich will Gott dienen. Was du gesagt hast, soll an mir geschehen." Da verließ sie der Engel.

Glaubensbekenntnis

Lied: Es kommt ein Schiff geladen (EG 8,1-4)

Liedpredigt
Liebe Gemeinde,
wir haben ein altes Adventslied gesungen. Es ist ein ungewöhnliches Lied, ein geheimnisvolles Lied. Es handelt von einem Schiff.

Manchmal kann man Schiffe beobachten, zum Beispiel bei einem Urlaub an der Nordsee. Man schaut aufs Meer hinaus und sieht ein Schiff am Horizont. Das ist schön.

Auch hier bei uns kann man Schiffe beobachten, gar nicht weit weg – auf dem N.N. *(Namen eines gangbaren Gewässers einfügen)* sind viele Schiffe unterwegs. Manchmal setze ich mich auf eine Bank und schaue aufs Wasser und hinüber zu den Schiffen. Dabei kommen mir Gedanken: Wo kommt das Schiff her? Wo will es hin? Ein Schiff liegt ganz tief im Wasser. Es ist schwer. Was hat es wohl geladen? Was bringt es? Irgendwo sind bestimmt Menschen, die schon sehnlichst darauf warten.

So ein Schiff ist wie ein Bote. Es kommt von weit her. Es bringt etwas. Es verbindet, was getrennt ist: Land und Meer, Länder und Menschen.

Das Schiff in unserem Adventslied verbindet Himmel und Erde. Es verbindet Gottes ewige Welt und unsere irdische Menschenwelt. Es verbindet Gott und die Menschen. Jetzt im Advent kommt dieses Schiff zu uns. Wir sind am Ufer. Vielleicht warten wir auch auf etwas. Ist das so? *(Pause)*

Es kann sein, dass wir gerade im Advent Sehnsucht haben und Ausschau halten. Wir sind unruhig. Wir spüren, dass wir etwas vermissen. Es fehlt uns etwas. Vielleicht fehlt uns viel: Gesundheit, Mut. Vielleicht fehlt uns ein Zuhause, das Gefühl: Hier gehöre ich hin.

Was machen Sie, wenn Sie Sehnsucht haben? Vielleicht schauen Sie zum Fenster hinaus. Vielleicht nehmen Sie ein Fotoalbum in die Hand und schauen sich Bilder an: Bilder auf denen Sie jung sind. Bilder, wo die Familie zusammen ist und Sie Weihnachten feiern. „Ach, wie schön wäre es, das noch einmal zu erleben! Doch es ist lange her."

Sehnsucht haben bedeutet: Wir brauchen eine Aussicht. Wir brauchen eine Aussicht, die uns hilft, den Tag zu überstehen, die nächste Stunde. Wir wünschen uns, dass etwas geschieht. Wir suchen nach einem Zeichen, dass etwas Gutes auf uns zu kommt. So halten wir Ausschau, ob es noch etwas für uns gibt, eine Antwort, eine Erfüllung.

Das Adventslied sagt: Auch wenn jetzt noch nichts zu sehen ist, auch wenn du keine Aussicht hast: Ein Schiff ist schon unterwegs. Das Schiff kommt und ist schwer beladen. Es hat etwas kostbares für dich an Bord.

Es kommt ein Schiff, geladen bis an sein höchsten Bord,
trägt Gottes Sohn voll Gnaden, des Vaters ewigs Wort.
(EG 8, 1)[38]

Früher hat man das Lied als Marienlied gesungen. Die schwangere Maria, sagte man, ist wie ein Schiff. Sie trägt eine kostbare Fracht in ihrem Bauch: Das Kind, den Gottessohn. In dem Schiff haben Christen auch die Kirche gesehen, die Gemeinschaft der Menschen, die mit Gott unterwegs ist und die gute Nachricht in die Welt trägt: Gottes ewiges Wort.

Gottes ewiges Wort – was ist das? Gottes ewiges Wort ist das, was Gott von allem Anfang an sagt und was in Ewigkeit bleiben wird. Es ist ein Wort der Liebe: „Du bist meine geliebte Welt!", sagt Gott. „Du bist mein geliebter Mensch!"

Wenn es keine liebevollen Worte für uns gibt, und keine Zeichen von Liebe für uns, dann verkümmern wir. Dann verliert die Welt ihren Glanz. Jetzt im Advent merken wir das. Kleine Zeichen werden wichtig: Ein grüner Zweig, ein Stern, ein Engel. Damit schmücken wir die Wohnung. Und wir freuen uns, wenn uns jemand etwas Kleines schenkt: ein paar Zimtsterne, einen Lebkuchen, eine kleine Aufmerksamkeit, einen Liebesgruß.

Und jetzt macht Gott uns ein Geschenk und schickt uns sein ewiges Wort: „Du bist mein geliebter Mensch. Ja, du!"

(Mit dem großen Papierschiff zu den Gottesdienstteilnehmer:innen gehen und jedem aus dem Schiff ein Herz geben. Dabei wird die Melodie zu „Es kommt ein Schiff geladen" gespielt.)

38 Lesen oder singen Sie jeweils die Strophen des Liedes vor. Manche Senior:innen werden einfach mit singen.

Sie haben ein Liebeszeichen bekommen, ein Herz. Das Herz ist ein Zeichen für Gottes ewiges Wort: „Du bist mein geliebter Mensch!" Doch Gott sagt nicht nur ein Wort. Gott schickt einen Menschen. Er schickt Jesus.

Aus der Bibel wissen wir: Jesus geht zu denen, die am Rand stehen. Jesus geht zu denen, die zweifeln, dass es Liebe für sie gibt und sagt ihnen: „Du bist ein von Gott geliebter Mensch. Ja, Du!"

Viele warten darauf. Viele Menschen sind einsam. Viele sind hungrig. Viele vermissen etwas. Bei Jesus erfahren die Hungrigen und Einsamen, dass sie geliebt und angenommen sind. Jesus sagt ihnen nicht nur ein gutes Wort. Er ist das Wort. Jesus ist Gottes Wort – mit Haut und Haaren, mit Hand und Fuß und mit einem Herz für die Menschen.

Das Schiff geht still im Triebe, es trägt ein teure Last;
Das Segel ist die Liebe, der Heilig Geist der Mast.

(EG 8, 2)

So geht das Lied weiter. Das Schiff, das Gottes Liebeswort bringt, ist nicht laut. Es kommt still. Es macht keinen Lärm. Ruhig und sicher kommt es daher. Das Schiff wird angetrieben und bewegt von Liebe. Sie ist das Segel. Das Schiff wird gestärkt und auf Kurs gehalten durch Gottes Kraft, den Heiligen Geist. Er ist der Mast.

Vielleicht staunen wir! Wie kommt es, dass Gott das Segel der Liebe setzt und sein Heil auf den Weg bringt? Die Antwort ist: Gott hat Sehnsucht. Er sehnt sich nach uns, seinen Menschen. Darum hat er sich auf den Weg gemacht zu uns.

Der Anker haft auf Erden, da ist das Schiff am Land.
Das Wort tut Fleisch uns werden, der Sohn ist uns gesandt.

(EG 8, 3)

Fast unbemerkt ist das Schiff angekommen. Der Anker ist ausgeworfen. Gott hat ihn festgemacht bei uns, auf dieser Erde, am Ufer unseres Lebens. Das ewige Wort, Gottes „Ja" zu uns, ist da!

Sie haben ja gerade ein Herz bekommen, den Liebesgruß, den das Schiff Ihnen gebracht hat. Wie war das für Sie? *(Pause)*

Das Herz sagt: „Gott meint dich." Es sagt: „Du, bist mein geliebter Mensch. Ja, du!" Darüber kann man nur staunen. Kann das denn wahr sein? Oh, Ja! Es ist wahr. Wenn Gottes „Ja" bei uns ankommt, können wir staunen und glücklich sein. Jetzt kommt unsere Sehnsucht zur Ruhe. Wir müssen nicht mehr unruhig in die Ferne schauen. Das große Geschenk, das Gott uns macht, ist da! *(Pause)*

Jetzt können wir uns umschauen und sehen, ob wir etwas davon merken. Das ist die neue Aussicht. Wir können auf unser Leben schauen und überlegen:

Wo haben wir früher etwas von dem „Ja" Gottes erlebt?

Oder auch heute. Ich frage Sie mal: Gab es heute schon etwas, das Sie getröstet hat? Gab es heute schon eine Freude für Sie? *(Pause)*

Davon kann man auch erzählen – den anderen! Denn das stärkt auch die anderen und macht ihnen Mut. Möchte jemand von einer kleinen Freude erzählen? *(Pause)*

Oder wenn Sie mich treffen, dann erzählen Sie mir davon. Dann können wir staunen über Ihr Leben und Gott loben.

Hören wir jetzt die vierte Strophe unseres Liedes:

Zu Bethlehem geboren im Stall ein Kindelein,
gibt sich für uns verloren; gelobet muss es sein.

(EG 8, 4)

Hier wird uns von Weihnachten erzählt: Im Stall von Bethlehem ist das Kind geboren. Der Stall ist ein armseliger Ort! Es sind schwierige Umstände, in denen Maria das Kind zur Welt bringt und Josef sich kümmern muss. Gerade hier spricht Gott sein „Ja" zur Welt aus.

Der Stall ist armselig, aber er ist zugänglich. Niemand ist da, der sagt: „Was willst du denn hier?" Die Hirten haben das oft gehört. Sie waren nirgends willkommen. Doch sie finden jetzt das Kind im Stall und können zu ihm gehen.

Ein Stall hat auch keine Treppe, die es einem schwermachen kann. Schafe und Esel, alle Tiere und auch wir können einfach hineingehen und das Kind finden.

Das Kind gibt sich für uns verloren, heißt es im Lied. Das bedeutet: Das Kind hat den armseligen Stall ausgesucht. Das Kind gibt sich hin für uns. Es schenkt sich uns.

Später als Erwachsener wählt Jesus die staubige Straße, und geht zu den Menschen, die ihn brauchen. Und Jesus bleibt auf diesem Weg zu den Menschen, auch wenn er dafür sterben muss. Jesus wählt nicht nur den armen Stall. Er wählt auch das Kreuz. So sagt er „Ja" zu uns, sein ewiges Wort. Es ist ein „Ja", das vergibt. Es verbindet uns wieder mit Gott. Es nimmt alles, weg, was uns von Gott trennt.

Bald feiern wir Weihnachten, wie jedes Jahr, wie alle Jahre wieder. Und wir freuen uns darauf. „Vorfreude ist die schönste Freude", sagt man. Darum war ich als Kind auch manchmal enttäuscht: Die Vorfreude war groß und das, was danach gekommen ist, war viel kleiner. Weihnachten war immer zu wenig. Es war nie genug.

Das ist so, weil auch Weihnachten ein Zeichen ist. So wie der Adventskranz, ist auch das Weihnachtsfest mit dem Tannenbaum, den Plätzchen, mit allem Schmuck und Glanz nur ein *Zeichen*.

Wir feiern Weihnachten aus Freude über das große „Ja", das Gott zu uns sagt. Und wir feiern Weihnachten auch, um die Sehnsucht wach zu halten. Denn es ist ja noch längst nicht alles gut bei uns. Es ist noch längst nicht alles erfüllt, was Gott versprochen hat.

Doch unsere Sehnsucht hat jetzt einen festen Grund. Unsere Hoffnung hat einen Namen.

Auch unsere Wünsche haben jetzt eine Adresse: Jesus.

Er ist Gottes ewiges Wort. Er sagt Ja zu uns. Und das bleibt. Es gilt, was auch immer kommt
Amen.

Lied: Wie soll ich dich empfangen (EG 11, 1.5.6)

Fürbitte
Himmlischer Vater, liebender Gott,
wir danken dir für dein ewiges Wort,
für dein wunderbares „Ja" zu uns und der Welt.

Öffne unsere Herzenstüren, damit wir dein ewiges Wort aufnehmen.
Gib uns Augen, die Ausschau halten
und die Zeichen deiner Liebe im Alltag entdecken:
Wo du uns tröstest und Freude schenkst,
wo du uns Mut machst und Hoffnung gibst,
auch durch Menschen die uns begegnen
und durch deine wunderbare Schöpfung.

Lass uns Boten deiner Liebe sein
und weitergeben, was du schenkst.

Wir bitten dich um ein Zeichen der Liebe:
für die, die trauern, für die, die einsam sind,
für die, die schwach sind.
Wir denken an die vielen Menschen in der Welt, die Not leiden,
an die, die hungern und kein Zuhause haben,
an die, die sich nach Gerechtigkeit sehnen
und keinen Frieden haben.
Wir legen sie dir ans Herz, besonders die Kinder.

Schenke auch uns den Frieden, den wir brauchen.
Amen.

Vaterunser

Lied: Alle Jahre wieder, Strophen 1-3

Segen

Musik

20. Der Hirte mit den leeren Händen

Ein Gottesdienst in der Weihnachtszeit[39] | Lukas 2, 1-20

Impuls zum Erleben:
Spielszene[40]: Ein Hirte tritt auf und erzählt von seiner Begegnung mit dem Kind in der Krippe[41]

Material:

- weihnachtliche Dekoration
- großes Foto von einem Baby auf dem Arm der Mutter (DIN A3)
- ein Kostüm für die Rolle des Hirten[42]

Mitgebsel:
Jede:r bekommt ein Herz aus gelbem oder rotem Papier in die Hand gelegt. Auf der einen Seite steht: „Fürchte dich nicht. Siehe, ich verkünde dir große Freude!" Dreht man das Herz um, liest man: „Gott ist mit dir. Du kannst in inniger Verbindung mit ihm sein."[43]

---

39 Die Weihnachtsgeschichte in ihrer bekannten Form und Weihnachtslieder prägen den Gottesdienst. Es wir mehr als sonst gesungen.

40 Die Spielszene, die der kurzen Predigt vorausgeht kann vom Prediger /der Predigerin oder einer weiteren Person übernommen werden.

41 Die vorliegende Szene geht zurück auf die Legende „Der Hirte mit den leeren Händen". Sie wird hier neu erzählt.

42 z.B. ein Schaffell zum Umhängen, ein langes Gewand, eine Weste, ein Tuch, das um den Kopf gewickelt wird, und ein Hirtenstab.

43 Eine Druckvorlage ist im Download-Bereich zu finden.

Ablauf

Begrüßung

Das Lied „Stern über Bethlehem", (EG 546, 144) vorlesen

Mit diesen Worten heiße ich sie herzlich willkommen zu diesem weihnachtlichen Gottesdienst. Das Weihnachtsfest ist für viele Menschen der Höhepunkt im Jahreslauf. Es erinnert an eine alte Geschichte: Jesus wird geboren im Stall von Bethlehem. Das feiern wir. Denn dieses Kind ist ein Gottesgeschenk für uns. Lasst uns also hören und sehen, was damals geschehen ist.

Lied: Lobt Gott ihr Christen alle gleich (EG 27, 1.2.5)

Eröffnung

Votum: Lukas 2, 10b.11 (LUT)

44 Ausgabe Rheinland/Westfalen/Lippe.

Gebet
Großer Gott,
wir feiern heute das Fest deiner Geburt.
Du bist zur Welt gekommen.
Du bist ein Mensch geworden, menschlich wie wir.
In einem kleinen Kind willst du uns begegnen,
damit wir an deine Liebe glauben
und sie annehmen können.

Wir bitten dich darum:
Sei unter uns, wenn wir jetzt Gottesdienst feiern.
Rühre uns an, ganz menschlich,
durch die Botschaft, die wir hören,
die Lieder, die wir singen,
und die Gemeinschaft, in der wir feiern.
Lass uns dich finden und froh werden.
Amen.

Lied: Es ist ein Ros entsprungen (EG 30, 1.2)

Lesung: Lukas 2, 1-20 (LUT)

Lied: Kommet ihr Hirten (EG 48, 1.2)

Spielszene: Der Hirte mit den leeren Händen
Der Hirte tritt auf:
Puh, ist das wieder kalt heute! Ich bin ja manches gewöhnt als Hirte. Tag und Nacht bin ich draußen bei den Tieren. Aber das! Kann ich mich hier ein bisschen aufwärmen?

Prima! Dann erzähl ich euch auch, was ich in Bethlehem erlebt habe. Ihr kennt ja die Geschichte. Doch ihr wisst noch nicht alles: Wir waren mit unseren Schafen draußen. Es war Nacht. Das Feuer gab nicht viel Wärme her. Entsprechend war auch die Stimmung unter uns:

Ungemütlich! „Die Nacht kann lang werden!“, dachte ich für mich. Ich achtete auf die Tiere, hörte ihr Blöken und Scharren. Ich stütze mich auf meinen Stab. So vergingen die Stunden.

Auf einmal geschah es: Es wurde taghell. Wie bei einem Gewitter leuchtete der Himmel von einem Ende bis zum anderen. Wir waren entsetzt! Starr vor Angst schauten wir uns um! Auf einmal war da eine Stimme: „Fürchtet euch nicht. Ich habe eine freudige Nachricht für euch. Ein Kind ist geboren, das euch retten wird. Geht, ihr könnt es finden.“

Dann war es wieder dunkel und still. „Worauf warten wir?“, hörte ich meine Hirtenbrüder sagen. „Lasst uns gehen und das Kind finden“ und alle stimmten zu.

„Wir können nicht ohne Geschenk kommen!“, sagte Ben und schnappte sich das Schaffell. Levi nahm den Käse, Joschua nahm seine Flöte, Nathan die Laterne, Samuel ein Bündel Wolle. Mehr hatten wir nicht. Und so stand ich mit leeren Händen da. Da sagte Nathan: „Du hast kein Geschenk? Dann kannst du genauso gut hierbleiben und die Schafe hüten, bis wir zurück sind.“

Weg waren sie. Könnt ihr euch das vorstellen? Ich war fassungslos. Ich schaute meine Hände an. Ja, sie waren leer, schmutzig und abgearbeitet! Zuerst schämte ich mich, doch dann stieg die Wut in mir hoch: Wut auf meine Armut, Wut auf mein Hirtenleben, Wut auf die anderen, die mich einfach zurückgelassen hatten.

Meine leeren Hände wurden zu Fäusten! Und ich stieß sie dem Himmel entgegen. Da sah ich einen Stern, ein winziges Licht, das letzte, das noch da war. In dem Moment fühlte ich, wie einsam ich war. Verlassen und wertlos, so kam ich mir vor. Tränen liefen über mein Gesicht. Hatte die Stimme nicht gesagt: „Ein Kind ist geboren, das euch retten wird“? Die Worte kamen mir wieder in den Sinn. Und sie fielen direkt in mein Herz. Ich überlegte nicht lange. Ich ließ die Herde zurück und ging los.

Ich folgte dem winzigen Stern. Er führte mich über die Felder zu den Höhlen bei Bethlehem. Ich kannte die Höhlen. Sie dienen uns manchmal als Stall. Aus einer der Höhlen drang ein schwaches Licht. Dort sah ich die Hirtenbrüder. Vorsichtig schlich ich mich heran und versteckte mich an der Seite.

Ich schaute in die Höhle hinein. Da sah ich die kleine Familie. Der Vater war beschäftig. Er wollte Holz aufs Feuer legen. Die Mutter hatte sich hingesetzt. Sie wollte das Kind in die Krippe legen und suchte etwas frisches Stroh und Heu.

Fragend schaute sie in die Runde. Als ob sie sagen wollte: „Kann mir einer helfen?" Doch keiner hatte eine Hand frei! Da entdeckte sie mich. „Komm!", rief sie und hielt mir das Kind entgegen!

Es kostete mich Überwindung. Meine Hände waren doch schmutzig. Und ich hatte noch immer die Faust in der Tasche. Oh ja, die Wut auf meine Hirtenbrüder glühte noch in mir und die Scham, weil ich ja nichts hatte. Aber da war jetzt das Kind. Und die Mutter, die Hilfe brauchte.

Ich trat aus meinem Versteck hervor und ging ein paar Schritte in die Höhle hinein. Die Mutter schaute mich einfach an, und legte mir das Kind in die Arme. Ich war überwältigt. Ich war doch der Hirte mit den leeren Händen. Ich war doch der Allerletzte von den Letzten! Und jetzt hatte ich das Kind im Arm! Ich durfte es tragen. Ich durfte es halten, ansehen und spüren. In dem Moment war alles andere vergessen. Alles war gut. Ich hatte Frieden.

Wie ihr seht, bin ich noch immer ein Hirte und muss noch immer sehen, wie ich über die Runden komme. Das Leben ist nicht leichter geworden. Doch seit ich das Kind im Arm hatte, ist es anders. Ich fühle mich noch immer beschenkt. Und ich weiß, dass es Frieden gibt, auch für mich. Nathan, Levi, Ben und die anderen sagen, die Stimmen in der Nacht, als der Himmel leuchtete, seien Engel gewesen. Wer weiß das schon. Doch dass das Kind mich gerettet hat, das weiß ich, das ist wahr.

So, jetzt ist mir wieder richtig warm geworden. So geht es mir immer, wenn ich von dieser Nacht erzähle. Da wird es mir warm. Und darum mache ich mich auch wieder auf den Weg. Ich muss schließlich wieder raus zu den Schafen.

Was ich euch wünsche: Schalom! Das heißt: „Friede sei mit euch!"
(Hirte tritt ab)

Lied: Ich steh an deiner Krippen hier (EG 37, 1.2.4)

Predigt

Liebe Gemeinde,

Gott kommt als ein Kind zur Welt und wir dürfen das Kind tragen. Es wird uns in die Arme gelegt. Das ist Weihnachten!

Das Kind tragen, heißt in inniger Verbindung mit Gott sein und Frieden haben. Das wird uns angeboten.

Aber es geht uns ja allen wie den Hirten in der Geschichte: Wir möchten nicht mit leeren Händen kommen. Wir wollen viel lieber etwas haben, das wir dem Kind bringen können.

Was könnte das sein?

Vielleicht das, was wir im Leben gut und richtig gemacht haben? Unsere Mühe, unseren guten Willen. Was aber, wenn wir nichts haben, das wir bringen können? Wenn unsere Hände leer sind, was dann?

Wenn wir alt werden, haben wir nicht mehr viel zu bieten. Ist das nicht so?

Wenn die Kräfte weniger werden und der Lebensmut abnimmt, wie weit reicht da noch der gute Wille? Was können wir da bringen? Vielleicht nur etwas Kleines. Vielleicht Dankbarkeit.

Weihnachten bedeutet: Wir müssen nichts bringen. Wir können mit leeren Händen kommen und dürfen nehmen. Jetzt in Ihrer Lebenssituation ist vielleicht genau das dran: nehmen. Und die Weihnachtsgeschichte zeigt uns, wie wichtig das ist: Ich muss nichts mehr beweisen. Ich muss nichts mehr leisten. Ich muss nicht so tun, als wäre ich der tolle Mensch, der nie traurig ist oder mutlos, sondern darf mit leeren Händen kommen und sie hinhalten.

Manchmal machen wir auch Fäuste, weil wir zornig sind und bitter. Und in den Fäusten ist viel Kummer und Angst. Der Hirte, der uns heute von der Heiligen Nacht erzählt hat, hat das erlebt. Er fühlte sich benachteiligt. Er wurde ausgeschlossen. Das kann das ganze Leben vermiesen, wenn wir erleben, dass wir nicht wichtig sind und nicht zum Zug kommen. Dann machen wir die Faust! Doch mit geballten Fäusten, können wir nichts annehmen.

Aber wenn Gott uns entgegenkommt in dem kleinen Kind, das uns in die Arme gelegt wird, dann öffnen sich unsere Hände. Dann geschieht das Wunder. Dann gehen die geballten Fäuste von selbst auf. Dann können wir den Zorn und den Kummer loslassen und sagen: „Hier bin ich, Gott, hier sind meine leeren Hände. Ich will mich darauf einlassen, dass du mir schenkst, was ich brauche und es annehmen. Ich danke dir und vertraue darauf, dass du mich rettest aus meinen elenden Gedanken und Gefühlen und Ängsten."

So kommt Gott in unser Leben: Ein Kind wird uns in die Arme gelegt. Das Kind rettet uns, weil es unsere Hände öffnet und uns empfangsbereit macht. Das geschieht nicht mit Gewalt, sondern durch Freundlichkeit, Liebe und Wärme, die uns das Kind entgegenbringt.

Und es ist wahr: Für uns ist das Kind geboren. Es wird uns in die Arme gelegt. Wir dürfen in inniger Verbindung sein mit Gott, mit ihm leben und ihm vertrauen. Immer wieder können wir Gott unsere leeren Hände hinhalten und bitten um Liebe, um Zuwendung, um Rat und Hilfe. Und seine Nähe, Liebe und Wärme empfangen. So wird uns Friede geschenkt und den tragen wir in die Welt hinaus. Amen.

Lied: Fröhlich soll mein Herze springen (EG 36, 1.5.9)

Dank und Fürbitte
Aufmerksamer Gott,
du kommst uns entgegen in einem Kind,
einfach, liebevoll und freundlich.
Für dich ist niemand zu groß, zu klein oder zu arm.
Du schenkst dich.

Gib, dass auch unsere Herzen und Hände sich leise öffnen,
damit wir den Kummer loslassen können und Freude einzieht.
Schenke uns, was wir brauchen:
Zuwendung und Liebe,
Geborgenheit in deiner Nähe.
Rette uns aus unseren elenden Gedanken,
Ängsten und Zweifeln.
Mach uns Mut, dir zu vertrauen.

Den Traurigen gib Trost und Halt,
den Verzagten neuen Mut und neue Hoffnung.
Lass dich von allen Menschen finden,
die dich suchen und brauchen.

Wir bitten dich für unsere Familien
und für alle, die uns nahestehen.
Segne unsere Weihnachtstage.
Schenke Zeit für Besinnung und Begegnung,
für Spiel und Freude.
Sei bei uns mit deinem guten Geist.

Wir bitten dich um Frieden für die Welt,
dass geballte Fäuste aufgehen,
dass Hass überwunden wird
und Menschen sich die Hände reichen.

Bleibe bei uns im neuen Jahr.
Führe uns auf gute Wege.
Erfülle uns mit Hoffnung.
Lass uns immer wieder zu dir finden,
in allem, was kommt.
Amen.

Vaterunser

Segen

Lied: O du fröhliche (EG 44, 1-3)

Verabschiedung mit Guten Wünschen zum Fest

Musik und Verteilen der Mitgebsel

Quellennachweise

Wir haben uns bemüht, alle Rechteinhaber ausfindig zu machen und zutreffend zu benennen.
Wir bitten um Kontaktaufnahme zur Neukirchener Verlagsgesellschaft, sollten Rechte nicht oder nicht zureichend angegeben sein.

Sofern nicht anders angegeben, handelt es sich bei den verwendeten Bibelzitaten um eigene Übersetzungen der Autorin.

Weitere verwendete Übersetzungen:
S. 34, 44, 74, 82, 99, 101, 108, 113, 134, 144: Lutherbibel, revidiert 2017, © 2016 Deutsche Bibelgesellschaft, Stuttgart. (LUT)

S. 145, 171: BasisBibel,
© 2021 Deutsche Bibelgesellschaft, Stuttgart. (BB)

S. 45: Christa Peikert-Flaspöhler, Ich tanze mich, Gott, aus: dies., Du träumst in mir, mein Gott. Frauen beten, Topos plus 349, © 2000 Lahn-Verlag in der Butzon & Bercker GmbH, Kevelaer, www.bube.de.

S. 138: Ruth Heil, Ich suche einen Platz © Ruth Heil.